गुज़रे लम्हे

[ग़ज़ल-संग्रह]

गुज़रे लम्हे

अशोक यादव

राजकमल प्रकाशन

ISBN : 978-93-88933-27-8

मूल्य : ₹395

पहला संस्करण : 2019

प्रकाशक : राजकमल प्रकाशन प्रा. लि.
1-बी, नेताजी सुभाष मार्ग, दरियागंज
नई दिल्ली-110 002

शाखाएँ : अशोक राजपथ, साइंस कॉलेज के सामने, पटना-800 006
पहली मंजिल, दरबारी बिल्डिंग, महात्मा गांधी मार्ग, इलाहाबाद-211 001
36 ए, शेक्सपियर सरणी, कोलकाता-700 017

वेबसाइट : www.rajkamalprakashan.com
ई-मेल : info@rajkamalprakashan.com

मुद्रक : बी.के. ऑफसेट
नवीन शाहदरा, दिल्ली-110 032

GUZARE LAMHE
Ghazals by Ashok Yadav

इनसानियत की पहरेदार ग़ज़लें

ग़ज़ल ने आज तक अनेक रूप धारण किये हैं। कभी वो प्यार का करिश्मा है, कभी प्यार के माध्यम से अध्यात्म तक की पहुँच है, कभी जीवन के विभिन्न अनुभवों और पहलुओं पर सार्थक टिप्पणी है और कभी जीवन-दर्शन का उज्ज्वल आईना है। इन सभी दृष्टियों से जिन अनेक ग़ज़लकारों की ग़ज़लें महत्त्वपूर्ण स्थान प्राप्त कर चुकी हैं, उन्हीं में इटावा के अशोक यादव का भी सार्थक व सकारात्मक योगदान रहा है।

अशोक यादव मुख्यत: समाजसेवा से जुड़े व्यक्ति हैं, इसलिए उनकी ग़ज़लों में समाज की अनेक समस्याओं की ओर इशारा किया गया है और उनके कारणों व उनके उपचारों को भी रेखांकित किया गया है। सामाजिक रूढ़ियों पर भी उन्होंने खुलकर कटाक्ष किया है, जो इस रचनाकार की निर्भीकता को भी परिलक्षित करती है। कवि स्वयं ही समाज की एक इकाई है और वह भी समाज की अन्धविश्वास-भरी गतिविधियों के जाल में फँसता है। वह भी एक आम आदमी की तरह अपने को यातना में पाता है। बस, अन्तर यह है कि वह इस यातना को शाब्दिक अभिव्यक्ति दे देता है।

अशोक यादव क्योंकि एक संवेदनशील व्यक्ति हैं इसलिए उनकी ग़ज़लों में वह संवेदना स्पष्ट दिखाई पड़ती है। क्योंकि अशोक जी समाज के अन्दर रहकर काम करते हैं इसलिए वे समाज की बुराइयों, गहराई से फैले हुए अन्धविश्वास और मानवीयता भूलकर दौलत के लिए हो रही अन्धी दौड़ को आम जीवन में साक्षात देखते हैं और इस सच को शे'रों में बख़ूबी बयाँ करते हैं :

जाने कैसा ज़हर छुपा पैमानों में,
लाशों का अम्बार लगा मैख़ानों में।

दौलत की जो दौड़ में सबसे आगे है,
छुपा हुआ शैतान है उन इनसानों में।

क़ीमत सबसे ज़्यादा किसकी लगती है,
होड़ लगी है धरती के भगवानों में।

अशोक यादव ने अपनी ग़ज़लों में इनसानियत को बहुत बड़ा दर्जा दिया है। वो इनसानियत को ही मज़हब मानकर ज़िन्दगी जीना चाहते हैं और तमाम रचनाकारों से भी इसी अन्दाज़ में साहित्य-सृजन करने की गुज़ारिश करते हैं। उनके ये शे'र इस बात को प्रमाणित करते हैं :

सबके चेहरे पे ख़ुशी हो, शे'र कुछ ऐसे कहो,
ज़िन्दगी में रोशनी हो, शे'र कुछ ऐसे कहो।

बदज़ुबानी बदमिज़ाजी से किसी को क्या मिला,
दुश्मनों से दोस्ती हो, शे'र कुछ ऐसे कहो।

अशोक यादव के बारे में एक और बात ख़ास तौर पर कहना चाहूँगा कि वे राजनीति से भी बहुत गहराई से जुड़े व्यक्ति हैं। वे उ.प्र. सरकार में राज्यमंत्री का दर्जा प्राप्त करके अपने दायित्व का कुशलतापूर्वक निर्वाह कर चुके हैं। निश्चित तौर पर वे राजनीति के दाँव-पेचों के क़रीबी गवाह रहे हैं। यह और बात है कि वे राजनीति में रहकर भी एक सामाजिक कार्यकर्ता के रूप में कार्य करते रहे हैं। वे सामाजिक व कवि-सम्मेलनों के मंचों पर अक्सर ख़ुद को पहले साहित्यिक, सामाजिक फिर बाद में राजनीतिक बताते रहे हैं। यह सर्वविदित हक़ीक़त भी है कि उनकी छवि एक समाज सुधारक राजनीतिक की है। उनकी तमाम ग़ज़लें इस बात का प्रमाण हैं कि उन्होंने राजनीति को समाज की सेवा का साधन मात्र माना है। राजनीति उनके लिए ज़िन्दगी की मंज़िल नहीं बल्कि तमाम ज़रूरतमन्दों की मदद करके ज़िन्दगी में इनसानियत का रंग भरने का संकल्प मात्र है। वे अपनी क़लम से आज के राजनीतिज्ञों से जिस अन्दाज़ में कुछ ख़ास करने की अपील करते हैं, वह उनकी सकारात्मक सोच को दर्शाता है। वे अपने शे'रों में कहते हैं :

ऐसे भी कुछ काम निराले कर देना,
मुफ़लिस के घर में भी उजाले कर देना।

तेरा पड़ोसी भूखा न सो जाये कहीं,
उसके नाम भी चन्द निवाले कर देना।

संसार का कोई कवि ऐसा नहीं होगा जिसने प्रेम को अपनी कविता का विषय न बनाया हो क्योंकि संसार की सबसे बड़ी शक्ति है तो वह प्रेम ही है। प्रेम जीवन का सर्वोच्च सौन्दर्य है। कवि स्वभाव से भावुक तो होता ही है, उसे सौन्दर्य भी खूब लुभाता है। वह सौन्दर्य को 'सत्यम् शिवम् सुन्दरम्' में से सुन्दरम् से ही जुड़ा मानता है और प्रेम के साथ सौन्दर्य को पूजा का दर्जा देता है। प्रेम व्यक्ति से होकर पूरे समाज और पूरी दुनिया तक जाता है। जहाँ प्रेम है, वहाँ सौन्दर्य के साथ-साथ इनसानियत है, वहाँ आनन्द है, वहाँ अहिंसा है, वहाँ क्षमा है, वहाँ लय है, वहाँ ठहराव के साथ गतिशीलता है और गति में भी एक अभूतपूर्व ठहराव है।

अशोक यादव ने इस तथ्य को बख़ूबी समझा है। उनके कुछ शे'र इस बात को रेखांकित भी करते हैं :

क़ुर्बां कर दे ख़ुद को ही कोई किसी के वास्ते,
यूँ मुक़द्दस आशिक़ी हो शे'र कुछ ऐसे कहो।

इक सदाक़त इक शराफ़त और संग ईमान के,
रिश्तों में पाकीज़गी हो शे'र कुछ ऐसे कहो।

कवि का यह मानना है कि प्रेम से ही दुनिया को जीता जा सकता है। दुनिया भले ही तरक़्क़ी करते-करते परमाणु युग की ऊँचाइयों पर हो मगर प्रेम का सूर्य हमेशा की तरह जगमगाकर सभी को अँधेरों में उजाला प्रदान करने का सन्देश देता रहेगा।

अशोक यादव की ग़ज़लों में एक बात और विशेष रूप से नज़र आती है कि वे क़ुदरत की सुन्दरता में ही परमात्मा के सौन्दर्य को निहारते हैं। इसी को साहित्य में इश्क़े-हक़ीक़ी से इश्क़े-मजाज़ी की ओर जाना कहते हैं। व्यक्ति अपने प्रिय को सदैव ख़ुश देखना चाहता है, भले ही उसे स्वयं बहुत

दु:खों का सामना करना पड़े। उनके कुछ शे'र इस बात को दर्शाते हैं :

मेरे दिल को सुकून आता है,
जब तू हँसता है मुस्कुराता है।

जाने तुझसे ये कैसा नाता है,
ग़म तेरा मुझको भी रुलाता है।

अशोक यादव की ग़ज़लों में एक और ख़ास बात नज़र आती है कि वे जीवन के हर रंग को बहुत ख़ूबसूरती से शब्दों के साँचे में ढाल देते हैं। ज़िन्दगी की कठिन राहों पर भटकती हुई युवा पीढ़ी को वे अपने शे'रों के माध्यम से सकारात्मक संदेश देना चाहते हैं :

अपनी मंज़िल कहीं तलाश करो,
इक मुकम्मल ज़मीं तलाश करो।

उम्र चैन-ओ-सुकूं में गुज़रेगी,
हमसफ़र दिलनशीं तलाश करो।

अशोक यादव ने अपनी क़लम से बहुत ख़ूबसूरती से बेटियों की महत्ता को भी अपनी ग़ज़लों में ज़ाहिर किया है। इस देश में हो रही भ्रूण-हत्याओं और बेटियों के प्रति उपेक्षा के रुख़ से उपजी लिंग अनुपात की असमानता पर भी अशोक जी ने पैनी नजर रखते हुए बेटियों के प्रति मज़बूत पक्ष रखते हुए कई ग़ज़लें कही हैं :

सर ऊँचा उठाने लगीं भारत की बेटियाँ,
आकाश में छाने लगीं भारत की बेटियाँ।

धरती से समन्दर से पहाड़ों से भी आगे,
अब चाँद पे जाने लगीं भारत की बेटियाँ।

विषयवस्तु की दृष्टि से तो अशोक यादव की ग़ज़लें समृद्ध हैं ही, शिल्प की दृष्टि से भी वे निष्कलंक हैं। वे बहर अर्थात् छन्द की दृष्टि से भी बहुत पुष्ट ग़ज़लें हैं। उनमें प्रवाह भाषा की सुगमता और सहजता है।

बोलचाल की भाषा में कही गई ये ग़ज़लें सीधे दिल में उतरती हैं और कभी तो हमें स्तब्ध कर देती हैं कि 'अरे ये बात तो हम कब से जानते थे मगर कह नहीं पाए।'

अशोक जी सामान्यजन की बात को इस अन्दाज़ में कहते हैं कि उसे ऐसा लगता है कि यह बात उसी के लिए कही गई है। उनकी भाषा में कोई बनावटीपन नहीं है। उसमें हिन्दी, संस्कृत व उर्दू के शब्द प्रचुरता से आते हैं। जनभाषा के शब्द भी अपना सौन्दर्य बिखेर रहे हैं और अपना मुहावरा भी गढ़ रहे होते हैं।

अशोक यादव की ग़ज़लों में अनायास ही बिम्ब और सार्थक प्रतीकों का प्रयोग हो गया है। वे मुस्कुराते हैं, अपने अर्थ को ध्वनित करते हैं और इशारों में अपनी बात कहते हैं। हम सभी जानते हैं कि ग़ज़ल किसी बात को साफ़-साफ़ कहने का तरीक़ा नहीं है बल्कि इशारों में अपनी बात कहने का मोहक अन्दाज़ है। इस अन्दाज़ से अशोक जी बख़ूबी परिचित हैं। इसलिए उनकी ग़ज़लों में लक्षणा और व्यंजना का सटीक प्रयोग पाया जाता है। उनकी एक चर्चित ग़ज़ल के ये शे'र इस बात को प्रमाणित भी करते हैं :

दिल की बात जुबाँ पे लाना कितना मुश्किल होता है,
किसी को उसका सच बतलाना कितना मुश्किल होता है।

तेज़ हवाएँ ग़ाफ़िल रहबर और टूटी पतवारें हों,
कश्ती को फिर पार लगाना कितना मुश्किल होता है।

अगर संक्षेप में कहा जाए तो कवि अशोक यादव की ग़ज़लें स्वच्छ जल का प्रवाह हैं जो मनुष्य के मन और आत्मा की प्यास को बुझाती हैं। उनकी ग़ज़लें ज़िन्दगी की धूप में पुरवाई का वह शीतल स्पर्श हैं जो थके इनसान की थकान मिटाती हैं। मिट्टी की वह सांस्कृतिक सुगन्ध हैं जो सम्पूर्ण वातावरण को अपसंस्कृत के प्रदूषण से बचाती हैं। आकाश का वह विस्तार हैं जो सबको अपने में समाहित करने का हौसला रखती हैं और सबके दिलों में पलती हुई वह आग की तरह हैं जो स्नेह और प्रेम से भरे दीपक की लौ में ज्योतित होकर जहाँ अँधेरा है वहाँ-वहाँ प्रकाश का महोत्सव मनाती हैं और इनसानियत की पहरेदारी करती हैं।

अशोक यादव का यह दूसरा ग़ज़ल संग्रह है : 'गुज़रे लम्हे' उनके पहले ग़ज़ल संग्रह 'इक सफ़र ख़्वाबों का, ख़यालों का' ने भी बहुत ख्याति अर्जित की थी। इस ग़ज़ल संग्रह से उन्हें कई बड़े पुरस्कार व सम्मान मिले और उनको देशभर में एक सक्षम ग़ज़लकार के रूप में स्थापित होने का सौभाग्य मिला। लालकिला में गणतन्त्र दिवस पर आयोजित देश के सबसे प्रतिष्ठित कवि-सम्मेलन सहित उन्हें देश के सभी बड़े मंचों पर काव्य-पाठ करने का भी अवसर मिला है।

यहाँ तक कि देश के मशहूर ग़ज़ल गायक जनाब तलत अज़ीज़ ने अशोक यादव की ग़ज़लों के एलबम 'चलते चलते शाम हुई तो' को अपना शानदार स्वर दिया है और यह एलबम जल्दी ही रिलीज होने जा रहा है।

इसके साथ ही बालीवुड की मशहूर गायिका अल्का याज्ञनिक व नामचीन ग़ज़ल गायक श्री पंकज उधास ने भी अशोक यादव की कुछ ग़ज़लों को अपना स्वर दिया है। उम्मीद करते हैं कि अशोक यादव का दूसरा ग़ज़ल संग्रह भी पहले संग्रह से अधिक ख्याति अर्जित करेगा। एक सौ से अधिक भिन्न-भिन्न रंगों से सजाई-सँवारी गई ये शानदार ग़ज़लें समाज के हर वर्ग के दिलोदिमाग़ में जरूर दस्तक देंगी।

उनकी ग़ज़ल के ये शे'र उनके मानवीय सोच, उनकी प्रगतिशीलता और मानसिक दृढ़ता को दर्शाते हैं—

एक दुनिया नई बनाएँगे,
कैसे जीना है ये सिखाएँगे।

अपने जज़्बे से और इरादों से,
चाँद तारे ज़मीं पे लाएँगे।

भूमिका के अन्त में अपने प्रिय अशोक यादव को आशीर्वाद प्रदान करता हुआ उन्हें बधाई व शुभकामनाएँ प्रेषित करता हूँ।

—डॉ. कुँअर बेचैन

जरा सी बातें

ये बहुत ज़रूरी होता है कि आप जिसकी किताब पढ़ने जा रहे हैं उसके बारे में थोड़ा बहुत जान लें। यूँ तो मैंने अपने प्रथम ग़ज़ल संग्रह 'इक सफ़र ख़्वाबों का ख़्यालों का' में अपने बारे में विस्तार से सब कुछ लिख दिया था, फिर भी आठ साल का वक़्त बहुत होता है। बहुत कुछ गुज़रा इस बीच में, मगर एक बात मेरे साथ ख़ास रही कि मैं बराबर लिखता रहा। ईश्वर की कृपा से क़लम बेखौफ़ चलती रही, बेखौफ़ मैंने इसलिए कहा क्योंकि बीते आठ वर्षों में तीन विपक्ष व पाँच वर्ष सत्ताधारी पार्टी से जुड़कर महत्त्वपूर्ण पदों पर रहकर भी अपनी कविता को ईश्वर का वरदान मानकर अँधेरों को अँधेरा और उजाले को उजाला कहता रहा, अच्छे को अच्छा कहा, बुरे को बुरा कहा, उदाहरण पेश है :

ज़र ज़मीं ग़ैरों की देखी तो मचल जाते हैं,
वक़्त के साथ करीने से बदल जाते हैं।

क्या करिश्मा है सियासत की दुकानों में 'अशोक',
खोटे सिक्के भी यहाँ शान से चल जाते हैं॥

लेकिन इसका ये मतलब बिल्कुल नहीं कि मैं ऐसा ही तल्ख़ लिखता हूँ ज़्यादातर कवियों की तरह मेरे काव्य-जीवन की शुरुआत वही आम विषय 'अपना सुख दुख, किसी को चाहा, उसका दूर चला जाना, बहुत अपनों के द्वारा छला जाना' के साथ हुई थी। ये मेरे शे'र कुछ बयां कर रहे हैं :

ज़िन्दगी ग़म के आस पास रही,
बिन तुम्हारे बड़ी उदास रही।

बस मुहब्बत में मात खा बैठा
वर्ना हर शै हमारी ख़ास रही॥

एक बात और मुझे ईश्वरीय वरदान के रूप में मिली है कि मैं हमेशा तरन्नुम में डूबकर ही ग़ज़लें कहता हूँ, ज़ेहन में कोई ख़्याल आया उसे गुनगुनाया और हो गये ग़ज़ल के कुछ शे'र, फिर भी ग़ज़ल सुनने में जितनी आसान लगती है उतनी आसान होती नहीं है। अदबीय ख़ामियों से सौ प्रतिशत दूर रहकर ग़ज़ल कहना एक बहुत कठिन काम है।

अपने बारे में थोड़ा सा लिखने के बाद ये आवश्यक है कि पिछले कुछ वर्षों में जिन व्यक्तियों ने मेरी साहित्यिक यात्रा में मेरा सहयोग किया मुझे अच्छा लिखने की प्रेरणा दी, मुझे प्रोत्साहित किया, उनका ज़िक्र यहाँ मैं अवश्य ही करना चाहूँगा।

मैं शुक्रिया अदा करना चाहता हूँ अन्तरराष्ट्रीय ख्याति-प्राप्त कवि कुँवर 'बेचैन' जी का जिन्होंने मेरे इस ग़ज़ल-संग्रह की भूमिका को अपनी क़लम से सजाया सँवारा है।

अपने उस्तादे-मोहतरम जनाब अरमान वारसी साहब का जिनकी इस्लाह के बिना ये संग्रह पूरा हो ही नहीं सकता था। अपने दोनों छोटे उस्ताद शायर रौनक़ इटावी व जनवादी कवि श्री अनिल दीक्षित का जिन्होंने इस संग्रह की पूर्णता मे, मेरी मदद की है।

इस बीच दो वर्ष पूर्व बॉलीवुड से जुडे व्यक्तित्व कार्तिकेय तिवारी मेरे जीवन में वरदान बनके आये, उन्हीं के ज़रिये बॉलीवुड के तमाम बडे गायकों ने मेरी ग़ज़लों को स्वर दिया। इन्हीं के माध्यम से बॉलीवुड की दुनिया में मेरा प्रवेश हुआ। कविता की लोकप्रियता को घर-घर पहुँचाने वाले हर दिल अज़ीज़ कवि कुमार विश्वास, देश-विदेश तक अपनी कविताओं को पहुँचाने वाले दिल्ली के लोकप्रिय कवि डॉ. प्रवीन शुक्ला, दिल्ली के ही दो वरिष्ठ कवि मंगल नसीम जी एवं दीक्षित दनकौरी जी, दिल्ली के मेरे मित्र श्री विजय शर्मा, सक्षम न्यूज़ चैनल के ऑडीटर अंशुल प्रताप सिंह, मेरठ के कवि दम्पति श्री सौरभ 'सुमन', अनामिका 'अम्बर' का मेरे प्रति स्नेहपूर्ण सहयोग भी उल्लेखनीय है।

मुम्बई के मेरे दो फ़िल्म निर्माता मित्र इसरार अंसारी, धीरेन्द्र चौबे, बालीवुड कलाकार अंशुमन 'प्रवल', सुविख्यात संगीतकार पण्डित गिरीश चन्दा एवं

मुम्बई के ही मेरे मित्र विनोद यादव के सहयोग ने मेरी काव्ययात्रा को गरिमा प्रदान की है।

कानपुर के अन्तरराष्ट्रीय ख्यातिप्राप्त कवि सुरेश अवस्थी, उत्कर्ष अकादमी के निदेशक डॉ. प्रदीप दीक्षित, वरिष्ठ कवियत्री डॉ. मंजू श्रीवास्तव एवं वरिष्ठ सर्जन डॉ. आर.के. पोरवाल का स्नेहिल व्यवहार मेरे लिए बहुत अमूल्य रहा है।

वरिष्ठ आई.ए.एस. गौरीशंकर प्रियदर्शी जी, वरिष्ठ आई.पी.एस. प्रवीन कुमार जी, मेरे भानजे हरियाणा के डी.जी.पी. श्री मनोज यादव, भरथना नगर के वरिष्ठ चिकित्सक डॉ. ईशप्रकाश पाण्डेय, रिटा. सी.ओ. महावीर सिंह चौधरी, बकेवर नगर के समाजसेवी गोपाल मोहन शर्मा एवं युवा नेता पंकज दीक्षित जी, पूर्व मंत्री उमेश दीक्षित जी, वरिष्ठ संगीतकार मुशीर अहमद खान, औरैया के कवि अजय अंजाम, युवा गीतकार डॉ. राजीव राज, इटावा के प्रतिष्ठित अधिवक्ता राजू वाजपेयी व उनके समस्त बन्धुओं की आत्मीयता मेरे साथ हमेशा सम्बल बनके रही है।

मैं उ.प्र. के पूर्व मुख्यमंत्री अखिलेश यादव का भी शुक्रिया अदा करूँगा जिन्होंने मुझे अपनी सरकार में राज्यमंत्री का दर्जा देकर मेरी राजनीति को एक अच्छा मुक़ाम दिया, संसद में समाजवाद के प्रखर स्वर आदरणीय रामगोपाल जी यादव का आशीर्वाद भी मेरे लिए बहुत उत्साहवर्धक रहा, बदायूँ के सांसद धर्मेन्द्र यादव जी, मैनपुरी के सांसद तेजप्रताप यादव एवं इटावा जिला पंचायत के अध्यक्ष अंशुल यादव के स्नेह का भाव मेरे लिए अमूल्य निधि की तरह रहा है, राजकमल प्रकाशन समूह के मुखिया अशोक महेश्वरी का भी सदैव शुक्रगुजार रहूँगा जिन्होंने अपने अति प्रतिष्ठित प्रकाशन में मेरा ग़ज़ल संग्रह प्रकाशित किया।

अन्त में अपने इस ग़ज़ल संग्रह को अपने प्रिय मित्र श्री राजीव गुप्ता, अरुण माथुर, बड़े भाई सुरेन्द्र पाल सिंह, अपनी बड़ी बहन आशा यादव, अपनी पूज्यनीय माँ श्रीमती सत्यवती यादव एवं मेरी मार्गदर्शक माँ तुल्य श्रीमती शान्ता माथुर की स्मृतियों को समर्पित करता हुआ आप सब सुधी पाठकों के हाथों में सौंप रहा हूँ।

—अशोक यादव

क्रम

कुछ बातें गुज़रे लम्हों की करने को मन करता है,
लेकिन ज़ख़्म दबे ना उभरें सोच के मन ये डरता है।

जब मैं अपनी ग़ज़लों की गहराई में खो जाता हूँ,
उनकी यादें उनका चेहरा उनका अक्स[1] उभरता है।

मंज़िल पाने की चाहत हो या फिर खेल मुक़द्दर का,
वर्ना पथरीली राहों पर यूँ ही कौन गुज़रता है।

समय के संग संग प्यारो–वफ़ा की रंगत भी उड़ जाती है,
कौन किसी के दिल में यारो सारी उम्र ठहरता है।

देख के इनसानों की फ़ितरत देख के रंग ज़माने का,
रोज़ ये दिल शीशे की सूरत टूटता और बिखरता है।

पहला पहला मिलन किसी से या हो वक़्त जुदाई का,
दो ही वक़्त सरापा[2] इंसा सजता और सँवरता है।

1. प्रतिबिम्ब, 2. सर से पाँव तक

ताज़ा ताज़ा हवाएँ आने दो,
इक नया गीत गुनगुनाने दो।

करते आए सितम जो मुद्दत से,
उनके आगे भी सर उठाने दो।

नफ़रतों का जहाँ अँधेरा है,
इक शमाँ प्यार की जलाने दो।

वो मुसलमां वो सिख वो ईसाई,
दूरियाँ हमको ये मिटाने दो।

जो पसीना बहाते आए हैं,
आज उनको भी मुस्कराने दो।

व्यथा वेदना के स्वर उभरे जब-जब हमने गीत लिखे,
ज़ख़्म हो गए और भी गहरे जब-जब हमने गीत लिखे।

चश्मे-नम और तन्हाई की लम्बी लम्बी रातों में,
टूट टूट कर कितना बिखरे जब-जब हमने गीत लिखे।

किसको सुनाएँ कौन सुनेगा दर्दो-ग़म की आवाज़ें,
लोग मिले है गूँगे बहरे जब-जब हमने गीत लिखे।

तल्ख हक़ीक़त[1] अहले-सितम[2] को है आख़िर मंजूर कहाँ,
लगा दिये होंठों पे पहरे जब-जब हमने गीत लिखे।

घोर निराशाओं के संग संग आशाओं के आँचल में,
जाग उठे हैं ख़्वाब सुनहरे जब-जब हमने गीत लिखे।

जीवन की परिभाषाओं को एक नया आयाम दिया,
उड़ते-उड़ते पंछी ठहरे जब-जब हमने गीत लिखे।

---

1. कड़वी सच्चाई, 2. अत्याचारी लोग

सबके चेहरों पर हँसी हो, शे'र कुछ ऐसे कहो,
ज़िन्दगी में रोशनी हो, शे'र कुछ ऐसे कहो।

कुर्बां कर दे ख़ुद को ही कोई किसी के वास्ते,
यूँ मुक़द्दस[1] आशिक़ी हो, शे'र कुछ ऐसे कहो।

बदज़ुबानी बदमिज़ाजी से किसी को क्या मिला,
दुश्मनों से दोस्ती हो, शे'र कुछ ऐसे कहो।

इक शराफ़त, इक सदाक़त[2] और संग ईमान के,
रिश्तों में पाकीज़गी[3] हो, शे'र कुछ ऐसे कहो।

भूलकर वो क़िस्से राजा और रानी के 'अशोक',
बातों में कुछ ताज़गी हो, शे'र कुछ ऐसे कहो।

---

1. पवित्र, 2. सच्चाई, 3. पवित्रता

तारीख़[1] बताएगी कल सारे ज़माने को,
कुछ मेरे फ़साने[2] को कुछ तेरे फ़साने को।

कुछ लोग लहू देकर गुलशन को सजाते हैं,
कुछ लोग तो आते हैं बस आग लगाने को।

साक़ी मुझे पीने का कुछ शौक़ नहीं लेकिन,
आता हूँ यहाँ दिल की बस प्यास बुझाने को।

अन्धे हों जहाँ हाकिम और बहरे मुलाज़िम हों,
बेकार वहाँ जाना कुछ सुनने-सुनाने को।

हर जिस्म के सीने में इक दिल भी धड़कता है,
ये जिस्म नहीं यारो, दिल के बहलाने को।

---

1. इतिहास 2. कहानी-कार्य

वो जो देखा है इस ज़माने में,
है मुकम्मल[1] मेरे फ़साने में।

इक शरर ने छुआ जो घर तेरा,
उम्र लग जाएगी बुझाने में।

जाने कितने घरों का चैन-ओ-सुकूं,
खो गया है शराबख़ाने में।

दौरे-गर्दिश में इक सवाल किया,
दोस्त खो बैठा आज़माने में।

रंजो-ग़म हैं, अँधेरी रातें हैं,
एक मुफ़लिस[2] के आशियाने में।

1. सम्पूर्ण, 2. ग़रीब

सोचा नहीं था दोस्तो, ये दिन भी आएँगे,
जिनको हँसाया हमने वो हमको रुलाएँगे।

बारिश का आँधियों का कोई डर नहीं हमें,
हम जाके छत पे अपनी पतंगें उड़ाएँगे।

इनसानियत पसन्द हैं हम रब के वास्ते,
जाकर किसी के ज़ख़्म पे मरहम लगाएँगे।

अपनी ज़ुबाँ से अहले सुख़न[1] सबके सामने,
सच पे पड़ा है परदा वो परदा उठायेंगे।

दुनिया के सच से रूबरू करके तुम्हें 'अशोक',
ख़ारों[2] की रहगुज़र[3] पे भी चलना सिखाएँगे।

1. कविता लिखने वाले, 2. काँटों, 3. रास्ता

काश, ऐसा निज़ाम[1] मिल जाए,
ख़ाली हाथों को काम मिल जाए!

घर में मुफ़लिस[2] के भी उजाले हों,
मुल्क को वो मक़ाम मिल जाए।

मुददतों से मैं मुन्तज़िर[3] हूँ मुझे,
उनके क़ुरबत[4] की शाम मिल जाए।

बढ़ के इनसानियत से कुछ भी नहीं,
ये जहाँ को पयाम मिल जाए।

दूर हो जाए तिश्नगी[5] दिल की,
उनके हाथों से जाम मिल जाए।

---

1. प्रबन्धन, 2. ग़रीब, 3. प्रतीक्षा में, 4. नज़दीकी, 5. प्यास

दूर ज़ेहनों से अपने अदावत[1] करो,
हर क़दम दोस्त ज़िक्रे-शराफ़त[2] करो।

घर के मसले घर ही में सुलझ जाएँगे,
पहले अपने वतन की हिफ़ाज़त करो।

पहले किरदार[3] अपना सँभालो जनाब,
बाद में फिर किसी की शिकायत करो।

रब ने तुमको बनाया है मीरे-वतन,
हम ग़रीबों की थोड़ी हिमायत करो।

चाहते, हो अता तुमको नूरे-ख़ुदा[4],
दोस्त इनसानियत की इबादत करो।

प्यार ईमान है रब का वरदान है,
प्यार की मत कभी तुम तिज़ारत[5] करो।

---

1. शत्रुता, 2. भलाई की चर्चा, 3. चरित्र, 4. भगवान की कृपा, 5. व्यापार

वक़्त ने की दिल्लगी तो मैं भी शायर हो गया,
हर क़दम थी नाख़ुशी तो मैं भी शायर हो गया।

सामने मंज़िल को अपनी दूर जाता देखकर,
पीर जब दिल में उठी तो मैं भी शायर हो गया।

देखकर अन्दाज़ उनका देखकर दीवानगी,
सर चढ़ी जब आशिक़ी तो मैं भी शायर हो गया।

पास रहकर भी समन्दर के मुसलसल[1] बढ़ गई,
जब मेरी तिश्नालबी[2] तो मैं भी शायर हो गया।

मुद्दतों राहे-वफ़ा पे चलने से भी जब मिली,
ग़मजदा वीरानगी तो मैं भी शायर हो गया।

ज़िन्दगी की अन्धी गलियों में अता रब से हुई,
जब ज़रा-सी रोशनी तो मैं भी शायर हो गया।

दर्दे-दिल बज़्मे-सुख़न[3] में कहने से मिलने लगी,
ग़म में भी थोड़ी ख़ुशी तो मैं भी शायर हो गया।

---

1. लगातार, 2. होंठों की प्यास, 3. कविता की महफ़िल

दिल से तेरे उतर न जाऊँ कहीं,
टूटकर फिर बिखर न जाऊँ कहीं।

जब से छेड़ा है तेरी यादों ने,
सोचता हूँ कि मर न जाऊँ कहीं।

बन्द कर दो ये सारे दरवाज़े,
मैं हवाओं से डर न जाऊँ कहीं।

देखकर बेरुख़ी अज़ीज़ों की,
मैं भी कुछ कर गुज़र न जाऊँ कहीं,

होके नाकाम ख़ाली हाथ लिये।
बाद मुद्दत के घर न जाऊँ कहीं।

यारो यारो कितना सुकूं मिला है लम्हा-लम्हा जीने में,
मयख़ाने में बैठे-बैठे क़तरा क़तरा पीने में।

रंजो-अलम और तन्हाई की लम्बी-लम्बी रातों में,
याद किसी की करते-करते दर्द उठा है सीने में।

सजदा[1] करता हूँ मैं यारो मेहनतकश इनसानों को,
ख़ुशबू है ईमान की शामिल इनके लहू पसीने में।

जज़्बा नहीं जब तेरे दिल में इनसानों की चाहत का,
फिर तेरा बेकार है जाना काशी और मदीने में।

दुनिया भर को रोशन कर दे अपने प्यार-मुहब्बत से,
इतनी गुज़ारिश है रब से रोज़े[2] के पाक[3] महीने में।

---

1. नमन, 2. उपवास, 3. पवित्र

मैंने तुम्हारे वास्ते क्या-क्या नहीं किया,
तुमने मगर कहा था जो वैसा नहीं किया।

इक-इक क़दम पे लेते रहे मेरा इम्तहां,
तुमने मेरी वफ़ा पे भरोसा नहीं किया।

रुस्वाइयाँ[1] मिलीं मुझे कुछ ज़ख़्म भी मिले,
फिर भी कोई गिला कोई शिकवा नहीं किया।

जब से फ़क़ीरी आ गई अन्दाज़ में मेरे,
रब के सिवा किसी को भी सजदा[2] नहीं किया।

ख़ारों की रहगुज़र[3] पे भी चलता रहा 'अशोक',
उसने मगर ज़मीर का सौदा नहीं किया।

1. बदनामियाँ, 2. नमन, 3. रास्ता

है भीगी-भीगी शाम ग़ज़ल कह रहा हूँ मैं,
हाथों में लेके जाम ग़ज़ल कह रहा हूँ मैं।

मिलती हैं सदाक़त[1] को ही हरसू बुलन्दियाँ,
है रब का ये निज़ाम[2] ग़ज़ल कह रहा हूँ मैं।

इस दौरे-सियासत के अँधेरों में दोस्तो,
मेरा नहीं क़याम[3] ग़ज़ल कह रहा हूँ मैं।

इनसानियत के बन्दों को करना अता सुकून,
ऐ रहमते-तमाम ग़ज़ल कह रहा हूँ मैं।

होता है ज़िक्र शे'रो-सुख़न[4] का जहाँ 'अशोक',
है मेरा वो मक़ाम[5] ग़ज़ल कह रहा हूँ मैं।

---

1. सच्चाई, 2. प्रबन्धन, 3. ठहराव, 4. कविता, 5. पड़ाव

अपनी मंज़िल कहीं तलाश करो,
इक मुकम्मल[1] ज़मीं तलाश करो।

उम्र चैन-ओ-सुकूं से गुज़रेगी,
हमसफ़र दिलनशीं[2] तलाश करो।

ये वतन अपना है ज़मीं अपनी,
हर खुशी को यहीं तलाश करो।

तेरी नज़रों को ताज़गी बख़्शे,
ऐसा मंज़र हसीं तलाश करो।

वक़्ते-रुख़सत[3] यही मुनासिब है,
सिर्फ दो गज़ ज़मीं तलाश करो।

. सम्पूर्ण, 2. दिल को प्यारा, 3. जाने का वक़्त

नज़रों में रब की आप ख़तावार[1] न बनना,
ग़ैरों की ज़र-ज़मीन के हक़दार न बनना।

दुनिया में बड़ी चीज़ है ईमान की दौलत,
ईमां को बेच साहिबे-दरबार[2] न बनना।

जिनके लिए इनसान की क़ीमत नहीं कोई,
तुम ऐसे सरफ़रोशों[3] के ग़मख़्वार[4] न बनना।

लगने लगी हैं बोलियाँ फ़नकारों की लेकिन,
तुम शे'रो-सुख़न[5] का कभी बाज़ार न बनना।

जो दाग़ लगा दे तेरी अज़्मत[6] पे भी 'अशोक',
ऐसी किसी भी शै के तलबगार न बनना।

---

1. दोषी, 2. दरबारी, 3. क़ातिल, 4. ग़म बाँटने वाला, 5. कविता लेखन, 6. इज़्ज़त

मैं हाथों को रख देता हूँ दहके हुए अंगारों पर,
जोशो-जुनून में लिख जाता हूँ नाम तेरा दीवारों पर।

अपनी ख़ुशियाँ अपने ग़म और अपने फ़साने भूल गया,
क़लम हमारा आग उगलता रहता है ग़द्दारों पर।

कैसे कह दूँ अपने वतन में हरसू[1] अमन के साये हैं,
जब मिलते हैं ख़ून के छींटे रोज़ मुझे अख़बारों पर।

तन बिकता है मन बिकता है प्यार की बोली लगती है,
नज़र उठाकर देखो यारो, दुनिया के बाज़ारों पर।

ताजो-तख़्त दिया था जिसको हमने अपनी ताक़त से,
लुटा दिया है सब कुछ उसने अपने ख़िदमतगारों पर।

1. चारों ओर

लिखने वाले तू नई एक कहानी लिखना,
अपने संग मेरे भी अश्कों की रवानी लिखना।

शबे-तन्हाई[1] में रह-रह के उभरती है जो,
अपने शे'रों में वही पीर पुरानी लिखना।

खो गए भूख से लड़ते हुए गुमनामी में,
ऐसे फ़नकारों[2] के ज़ख़्मों की निशानी लिखना।

ग़म उठाने के लिए छोड़ दिया है जिसको,
ऐसी तन्हा किसी बेवा की कहानी लिखना।

जाम हाथों में हो बाँहों में हो जाना तेरी,
ऐसे आलम में ग़ज़ल कोई सुहानी लिखना।

---

1. अकेलेपन की रात, 2. कलाकारों

दिल की बात ज़ुबां पे लाना कितना मुश्किल होता है,
किसी को उसका सच बतलाना कितना मुश्किल होता है!

वक़्त ख़ुशी का चैन-ओ-सुकूं के साये में कट जाता है,
लेकिन ग़म से दिल बहलाना कितना मुश्किल होता है!

अहले-सितम[1] जब मीरे-सियासत[2] बनके सामने आते हैं,
उनके आगे सर को झुकाना कितना मुश्किल होता है!

जाने कितनी तल्ख़ निगाहें मेरी जानिब उठती हैं,
उनके दर तक आना जाना कितना मुश्किल होता है!

सीधी नज़रों से बच पाना शायद यारो मुमकिन है,
तिरछी नज़रों से बच पाना कितना मुश्किल होता है!

तेज़ हवाएँ ग़ाफ़िल[3] रहबर[4] और टूटी पतवारें हों,
कश्ती को फिर पार लगाना कितना मुश्किल होता है!

---

1. अत्याचारी, 2. राजनीति के सिरमौर, 3. ग़फ़लत में, 4. रास्ता दिखाने वाला

रहते जो उजड़े आशियानों में,
ज़्यादा मिलते शराबख़ानों में।

ज़ीस्त मेहनतकशों की उलझी है,
रोटी कपड़ों में और मकानों में।

उनसे पूछो कि मुफ़लिसी क्या है,
छत नहीं जिनके आशियानों में।

वो हक़ीक़त ज़मीं की क्या समझें,
उड़ते रहते हैं जो आसमानों में।

क्या हुआ बाद में ये देख भी लो,
बेईमानों के ख़ानदानों में।

किसका रहता है इन्तज़ार मुझे,
कौन करता है बेक़रार मुझे।

बदले-बदले से इस ज़माने में,
कौन मिलता है ख़ाकसार[1] मुझे।

ज़ीस्त[2] को इसलिए भी जीता हूँ,
पूरे करने हैं कुछ क़रार मुझे।

यूँ ही तन्हाइयों में बिन तेरे,
अच्छी लगती नहीं बहार मुझे।

एक तू है जो पूरी शिद्दत[3] से,
लग के सीने से करता प्यार मुझे।

---

1. विनम्र, 2. जीवन, 3. गहराई

जीवन क्या है जीवन तो बस रिश्तों की परिभाषा है,
ये रिश्ते आबाद रहें बस इतनी सी अभिलाषा है।

कुछ रिश्तों की क़ीमत यारो, जान से ज़्यादा होती है,
ये रिश्ते वो रिश्ते होते दिल ने जिन्हें तराशा है।

जो दौलत के और शोहरत के भरम जाल में उलझ गए,
उनकी नज़रों में दिल का रिश्ता भी एक तमाशा है।

यूँ तो जीवन में हम अक्सर गिरते और सँभलते हैं,
पर मंज़िल उनको मिलती जिनकी आँखों में आशा है।

प्यार मुहब्बत हँसी ठिठोली रूठा मंठी से लोगो,
इन्सां के दामन से रहती हरदम दूर हताशा है।

ख़त्म रफ़्तारे-ज़िन्दगी[1] कर ली,
आज फिर किसने ख़ुदकुशी[2] कर ली।

उसने हमसाये का जलाके घर,
अपने आँगन में रोशनी कर ली।

दोस्त जब से फ़रेब देने लगे,
गीत ग़ज़लों से दोस्ती कर ली।

वो नहीं हैं तो उनका दर ही सही,
जब भी निकला तो बन्दगी कर ली।

अपने अश्कों में डूब कर उसने,
दूर होंठों की तिश्नगी[3] कर ली।

---

1. जीवन गति, 2. आत्महत्या, 3. प्यास

मुस्कुराहट छीनकर आँखों को पानी दे गया,
जाते जाते वो मुझे ग़म की कहानी दे गया।

मैं गँवा बैठा हूँ सब कुछ अपना जिसके वास्ते,
जाने क्यूँ मुझको वो तन्हा ज़िन्दगानी दे गया।

मेरे हिस्से में थी ख़्वाहिश प्यार का इक गाँव हो,
वो मगर रंजो-अलम की राजधानी दे गया।

चन्द लम्हों को मेरी क़ुरबत[1] में आके वो मुझे,
उम्र भर को इक मुहब्बत की निशानी दे गया।

ले गया किरदार[2] मेरा यारो, मुझसे छीनकर,
और बदले में वो अपनी बदगुमानी[3] दे गया।

1. नज़दीकी, 2. चरित्र, 3. भ्रमित सोच

ज़िन्दगी खो गई सवालों में,
सिर्फ़ दो वक़्त के निवालों[1] में।

गर्दिशें साथ साथ चलती हैं,
दर्द ठहरा है पा[2] के छालों में।

अब अँधेरों की बात क्या करना,
हादसे होते हैं उजालों में।

दोस्तो, आज आबरू-ए-वतन,
लुट गई है सियासी चालों में।

क्यूँ अमीरी का और ग़रीबी का,
फ़र्क़ मिलता यहाँ शिवालों में।

थी जो इमदाद मुफ़लिसों के लिए,
बँट गई वो यहाँ दलालों में।

---

1. रोटी का कौर, 2. पैर, 3. ग़रीबों

दफ़्न करके ख़्वाब सारे महफ़िले-वीरान में,
चलते-चलते आ गए हम दोस्तो, श्मशान में।

ख़ुद गिरेबाँ झाँककर अपना कभी देखा नहीं,
ख़ामियाँ तुम ढूँढ़ते हो दूसरे इनसान में।

मैं ज़ुबां से कब तलक करता नुमायाँ[1] राज़-ए-दिल,
कह दिया है मैंने सब कुछ अपने इस दीवान में।

बनके आए रहनुमां जब इक सितमगर सामने,
मत झुकाना सर कभी तुम अपना उसकी शान में।

हर किसी को बन्दगी करने से पहले ऐ 'अशोक',
फ़र्क़ करना सीख लो इनसान और शैतान में।

---

1. प्रकट

सर ऊँचा उठाने लगीं भारत की बेटियाँ,
आकाश में छाने लगीं भारत की बेटियाँ।

धरती से समन्दर से पहाड़ों से भी आगे,
अब चाँद पे जाने लगीं भारत की बेटियाँ।

अब तक रही हैं क़ैद रिवाजों में वे मगर,
अब हँसने हँसाने लगीं भारत की बेटियाँ।

माँ–बाप की ख़िदमत का जो बेटों का फ़र्ज़ था,
वो फ़र्ज़ निभाने लगीं भारत की बेटियाँ।

सरहद पे जाके दुश्मनों के सामने 'अशोक',
बन्दूक़ उठाने लगीं भारत की बेटियाँ।

अश्क पलकों पे कुछ सँजो लें हम,
मन है बोझिल ज़रा सा रो लें हम।

रख के सर अपना तेरे काँधे पर,
चन्द लम्हे सुकूं से सो लें हम।

उम्र भर को जो आना चाहो तो,
दिल का दरवाज़ा आज खोलें हम।

पहली बारिश है आज सावन की,
क्यूँ न तन-मन ज़रा भिगो लें हम।

आलमे-शबे-वस्ल[1] के संग संग,
क्यूँ ना मयकश[2] ज़रा सा हो लें हम।

---

1. रात्रि मिलन के हालात, 2. शराब पीना

मैंने कब तुमसे कहा था कि गुले-तर[1] लिख दे,
मेरी तक़दीर में पत्थर हैं तो पत्थर लिख दे।

गर तुझे लिखना है ऐ कातिबे-तक़दीर[2] मेरे,
मेरी पेशानी[3] पे तू उसका मुक़द्दर लिख दे।

लुत्फ़ जब है कि कोई गर्म हवा का झोंका,
ख़ुश्क होंठों पे मेरे प्यास का मंज़र लिख दे।

मैं जो कहता हूँ मेरे दोस्त, वही करता हूँ,
फिर भले कोई मेरे नाम पे ख़ंज़र लिख दे।

आँच आएगी नहीं तेरी बुलन्दी पे कभी,
नाम कोई भी तेरा क्यूँ न ज़मीं पर लिख दे।

---

1. ताज़ा फूल, 2. भाग्य लेखक, 3. माथा

तुम हो ख़ामोश मक़बरों की तरह,
दिल तुम्हारा है पत्थरों की तरह।

शबे-ग़म में तुम्हारी यादों को,
ओढ़ लेता हूँ चादरों की तरह।

ज़ख़्म खा के भी बेज़ुबान रहे,
हम हैं गहरे समन्दरों की तरह।

दफ़्न हो प्यार और ख़ुलूस[1] जहाँ,
घर वो दिखता है खँडहरों की तरह।

दौरे-गर्दिश में दोस्तों की 'अशोक',
बात चुभती है ख़ंज़रों की तरह।

1. सच्चाई

तेरी नज़रों से गिर न जाऊँ कहीं,
टूटकर फिर बिखर न जाऊँ कहीं।

दर्दे-फुरक़त[1] भी इतना गहरा है,
सोचता हूँ कि मर न जाऊँ कहीं।

बन्द कर दो ये सारे दरवाज़े,
मैं हवादिश[2] से डर न जाऊँ कहीं।

आगे मंदिर है पीछे मैख़ाना,
मैं इधर फिर उधर न जाऊँ कहीं।

देखकर बेरुख़ी अज़ीज़ों की,
मैं भी कुछ कर गुज़र न जाऊँ कहीं।

---

1. जुदाई का दर्द, 2. हादसे

उसने कुछ कह दिया इशारों में,
थोड़ी ठंडक हुई शरारों[1] में।

वो तो मँझधार में समाया है,
ढूँढ़ते हम जिसे किनारों में।

ग़म से फ़ुरसत मिले तो झाँकूँगा,
ज़िन्दगी के हसीं नज़ारों में।

हम तो अब तक समझ नहीं पाए,
क्यूँ ये रौनक़ है इन मज़ारों में।

रब के रहमो-करम की बारिश है,
इन फ़िज़ाओं में इन बहारों में।

बात इनसानियत की होती नहीं,
आजकल मज़हबी इदारों[2] में।

1. चिंगारी, 2. संस्थाओं

ज़िन्दगी ग़म के आसपास रही,
बिन तुम्हारे बड़ी उदास रही।

एक दिन तुम ज़रूर आओगे,
उम्र भर दिल में मेरे आस रही।

बस मुहब्बत में मात खा बैठा,
वर्ना हर शै हमारी ख़ास रही।

उम्र गुज़री है मैकदे में मेरी,
फिर भी लब पे शदीद[1] प्यास रही।

तेरी यादें 'अशोक' ग़ज़लें हैं,
बस ये दौलत हमारे पास रही।

---

1. तीव्र

टूटा है उसका ख़्वाब उसे पीने दीजिए,
है ग़म भी बेहिसाब उसे पीने दीजिए।

दौरे-ग़मे-फ़िराक़[1] में विष तो नहीं पिया,
पीता है वो शराब उसे पीने दीजिए।

दो-चार जाम पीने से देने लगे उसे,
जब रिन्द[2] का ख़िताब उसे पीने दीजिए।

उसके लबों से दूर है पैमाना इसलिए,
महफ़िल है बेशबाब उसे पीने दीजिए।

पीने पे उसके कौन उठाएगा उँगलियाँ,
वो है खुली किताब उसे पीने दीजिए।

तेरे हसीं सवालों का वो दे रहा 'अशोक',
जब दिलनशीं जवाब उसे पीने दीजिए।

---

1. जुदाई के दुःख का समय, 2. शराबी

बेटी आँगन में जिसके आती है,
इक मुकम्मल[1] उजाला लाती है।

ख़ुशबुएँ घुलती हैं फ़िज़ाओं में,
जब वो हँसती है मुस्कुराती है।

पोंछ देती है मेरे अश्कों को,
अपनी बीती नहीं सुनाती है।

साथ है तो हँसाती रहती है,
जाते-जाते बहुत रुलाती है।

कितनी नाज़ुक है कितनी भोली है,
फिर भी जीना हमें सिखाती है।

इक नहीं दो-दो ख़ानदानों को,
कितनी ख़ूबी से वो निभाती है।

1. सम्पूर्ण

ताज़ा हवा का झोंका पैग़ाम दे रहा है,
रिश्तों को तेरे-मेरे नया नाम दे रहा है।

ग़ज़लें तेरी मुदावा[1] मानिन्द लग रही हैं,
हर एक शे'र तेरा आराम दे रहा है।

इन्सानियत का जज़्बा कुछ और दे न दे पर,
चैन-ओ-सुकूं का मुझको इनाम दे रहा है।

करने लगे वकालत क्यूँ लोग क़ातिलों की,
जब ज़र्रा-ज़र्रा उनको इल्ज़ाम दे रहा है।

क़ुदरत का लम्हा-लम्हा दुनिया में हर किसी को,
जैसा किया है वैसा अंजाम दे रहा है।

---

1. उपचार

तहज़ीबे-सियासत[1] पर ज़हरीले साए हैं,
चेहरे पे नया चेहरा कुछ लोग लगाए हैं।

ये बात हक़ीक़त है हर दौर में लोगों ने,
सच बोलने वालों पर पत्थर बरसाए हैं।

इन सन्त फ़क़ीरों की महिमा ही निराली है,
माला भी गले में है ख़ंजर भी छुपाए हैं।

हम शे'रो सुख़न[2] वाले फूलों से भी नाजुक हैं,
पर बोझ ज़माने का काँधों पे उठाए हैं।

मासूम परिन्दों को जो क़ैद में रखते हैं,
ऐसे भी सियासत न कुछ जाल बिछाए हैं।

रखता है कोई जैसे महफ़ूज़[3] ख़ज़ाने को,
यादों के तेरे आँसू पलकों में सजाए हैं।

1. राजनीतिक संस्कृति, 2. कविता लेखन, 3. सुरक्षित

अपने दीवारो-दर सजा लूँ मैं,
मेरा महबूब आने वाला है।

रूबरू होके मेरे चेहरे से,
कोई घूँघट उठाने वाला है।

ख़ुशबुएँ होगीं बस फ़ज़ाओं में,
ऐसा मंज़र भी आने वाला है।

तोड़ के रस्मों और रिवाजों को,
कोई वादा निभाने वाला है।

मुझसे ये शबे-वस्ल[1] कहने लगी,
कोई तुझको चुराने वाला है।

---
1. मिलन की रात

एक दुनिया नई बनायेंगे,
कैसे जीना है ये सिखायेंगे।

नफ़रतों का जहाँ अँधेरा है,
इक शमा प्यार की जलायेंगे।

कोई छोटा हो या बड़ा कोई,
सबको सीने से हम लगायेंगे।

चाहे जैसा भी हो अज़ाब[1] मगर,
हम हँसेंगे तुम्हें हँसायेंगे।

अपने जज़्बे से और इरादों से,
चाँद तारे ज़मीं पे लायेंगे।

कहके अशआर[2] अपनी ग़ज़लों के,
ग़म के शोलों को हम बुझायेंगे।

---

1. पीड़ा, 2. शे'र का बहुवचन

हम मुसाफ़िर हैं कल रवाँ[1] होंगे,
कौन जाने कि फिर कहाँ होंगे!

छोड़ जाएँगे पीछे अपने हम,
वो मोहब्बत के बस निशां होंगे।

दौरे-जुल्मो-सितम रुकेगा नहीं,
आप गर यूँ ही बेज़ुबां होंगे।

हौसला है तो ये ज़मीं क्या है,
तेरे क़दमों में आसमां होंगे।

तू अगर रहनुमाई करने लगे,
फिर तेरे साथ कारवां होंगे।

गर्दिशों में तुम्हारे साथ 'अशोक',
दोस्त होंगे न मेहरबां होंगे।

1. प्रस्थान

गर्दिशों ने सँभाला होता है,
शख़्स वो भी निराला होता है।

फ़ुरक़तों[1] की अँधेरी रातों में,
क़ुरबतों[2] से उजाला होता है।

याद जब भी सताती है उसकी,
फिर लबों पे पियाला होता है।

आज मेहनतकशों के हिस्से में,
सिर्फ़ सूखा निवाला होता है।

शक्लो-सूरत से उजला दिखता है,
हाथ जिसका भी काला होता है।

---

1. जुदाई, 2. नज़दीकी

कितने नाज़ुक थे वो लम्हात बयां क्या करना,
कैसे गुज़री थी मेरी रात बयां क्या करना।

मेरा ग़म समझेंगे क्या ये तो तमाशाई हैं,
दिलपे गुज़रे हैं जो सदमात[1] बयां क्या करना।

छोड़ के जाने से पहले जो कहा था उसने,
अब किसी से वो ख़यालात बयां क्या करना।

रात दिन अश्क बरसते हैं मेरी आँखों से,
दे गया कौन ये बरसात बयां क्या करना।

जिसमें पोशीदा[2] है हर बात हमारे दिल की,
वो ग़ज़ल कहके कोई बात बयां क्या करना।

1. आघात, 2. छुपा हुआ

दुश्मन के आगे झुक जाऊँ, ये सौदा मंज़ूर नहीं,
ग़द्दारों से हाथ मिलाऊँ, ये सौदा मंज़ूर नहीं।

मैंने अपनी उम्र गुज़ारी ईमानों के साये में,
दौलत की ख़ातिर बिक जाऊँ, ये सौदा मंज़ूर नहीं।

इश्क़े–हक़ीक़ी[1] इश्क़े–मज़ाजी[2] दोनों दिल में हैं लेकिन,
जिस्मों से बस दिल बहलाऊँ, ये सौदा मंज़ूर नहीं।

साक़ी ने दो जाम दिये तो रंज–ओ–ग़म मैं भूल गया,
अब मैख़ाने से उठ जाऊँ, ये सौदा मंज़ूर नहीं।

लाख बिछाये काँटे कोई मेरी राहों में लेकिन,
चलते चलते मैं रुक जाऊँ, ये सौदा मंज़ूर नहीं।

---

1. ईश्वर के प्रति प्रेम, 2. सांसारिक प्रेम

हैं लोग बहुत छोटे इन ऊँचे ठिकानों में,
हाँ, ज़हर भी बिकता है अमृत की दुकानों में।

कुछ ख़ौफ़ नहीं होता उन लोगों को शोलों का,
रहते हैं यहाँ पे जो लकड़ी के मकानों में।

जो ख़ून-पसीने से दुनिया को सजाते हैं,
होते हैं फ़ना[1] वो ही कर्ज़ों में लगानों में।

जीतेंगे दिलों को हम बस प्यार-मुहब्बत से,
पैग़ाम ये जीने का है मेरे फ़सानों में।

बख़्शी हैं तुम्हें रब ने दिल खोल के सौग़ातें,
गर ढूँढ़ सको ढूँढ़ो क़ुदरत के ख़ज़ानों में।

---

1. मर जाना

मेरी अपनी जो ज़िन्दगानी है,
एक उलझी हुई कहानी है।

ये ग़ज़ल मेरी और कुछ भी नहीं,
मेरे ज़ख़्मों की तर्जुमानी[1] है।

रंज और ग़म की रहबरी[2] करके,
पीर मेरी हुई सयानी है।

दोस्तों पे मैं जान देता हूँ,
मेरी आदत तो ये पुरानी है।

राज़दां[3] है जो ज़िन्दगी का मेरे,
बात उससे भी क्या छुपानी है।

मुझको दादा की याद आती है,
याद दादी की भी कहानी है।

---

1. अनुवाद, 2. रास्ता दिखाना, 3. हक़ीक़त से परिचित

दिल वास्ते किसी के बेक़रार नहीं है,
आँखों को अब किसी का इन्तज़ार नहीं है।

मेरी ग़ज़ल में तुम भी हो शामिल कहीं-कहीं,
मेरे ग़मों का सिर्फ़ ये इज़हार नहीं है।

उस दौरे में कहते हो वफ़ाओं के शे'र तुम,
जिस दौर में कोई भी वफ़ादार नहीं है।

खाता है हर क़दम पे वो राहों में ठोकरें,
जो दौरे-हवादिस[1] से ख़बरदार नहीं है।

ग़म अपना तुम सुनाओगे किसको यहाँ 'अशोक',
कोई यहाँ किसी का ग़मगुसार[2] नहीं है।

---

1. हादसों का दौर, 2. हमदर्द

जाने कैसा ज़हर छुपा पैमानों[1] में,
लाशों का अम्बार लगा मैख़ानों में।

दौलत की जो दौड़ में सबसे आगे है,
छुपा हुआ शैतान है उन इनसानों में।

क़ीमत सबसे ज़्यादा किसकी लगती है,
होड़ लगी है धरती के भगवानों में।

बीज बहुत बोये हैं तुमने नफ़रत के,
प्यार के फूल सजाओ अब गुलदानों में।

ख़ुद को जला के महफ़िल को रोशन कर दे,
ऐसा मैं परवाना हूँ परवानों में।

1. शराब पीने का प्याला

तेरी मानिन्द[1] ढल नहीं सकते,
हम तेरे साथ चल नहीं सकते।

अब तलक गिरते और सँभलते रहे,
अब गिरे तो सँभल नहीं सकते।

तुम जो बदले तो पा गये मंज़िल,
हम कभी भी बदल नहीं सकते।

देख के हुस्न की हसीं महफ़िल,
हम कभी भी मचल नहीं सकते।

सबसे पीछे खड़े वो लोग यहाँ,
जो किसी को भी छल नहीं सकते।

---

1. तरह

वो जो देता मुझे बद्दुआ दोस्तो,
उसकी ख़ातिर मैं करता दुआ दोस्तो।

नफ़रतों में नहीं बस यक़ीं प्यार में,
अपना अन्दाज़ है कुछ जुदा दोस्तो।

जो हक़ीक़त में इन्सां भी लगता नहीं,
वो सियासत में होता ख़ुदा दोस्तो।

कैसे महफ़ूज़ होगा ये अपना चमन,
चल रही जब विषैली हवा दोस्तो।

टूटकर दिल हमारा बिखर जाता है,
कोई अपना जो देता दग़ा दोस्तो।

हम हैं सुख़नवर[1] सच बोलेंगे सच के सिवा और कुछ भी नहीं,
परतें दर परतें खोलेंगे सच के सिवा और कुछ भी नहीं।

हम तो अपने गीतों की, ग़ज़लों की तेज़ रवानी में,
यारो, केवल सच घोलेंगे सच के सिवा और कुछ भी नहीं।

फ़ितरत से हैं बंजारे, ईमान को मज़हब मान के हम,
सच को लेकर ही डालेंगे सच के सिवा और कुछ भी नहीं।

अहले-ज़ुल्मो-सितम[2] के आगे झुकना हमने सीखा नहीं,
सूली पर भी सच बोलेंगे सच के सिवा और कुछ भी नहीं।

बात अगर इन्साफ़ की होगी तो फिर सच के पलड़े में,
सच तौला है सच तौलेंगे, सच के सिवा और कुछ भी नहीं।

---

1. कवि-लेखक, 2. अत्याचारी लोग

पत्थर के दिल भी मोम की सूरत पिघल गए,
देखा जो घर ग़रीब का आँसू निकल गए।

हैरत है अपने देश में सब कुछ तो है मगर,
बदहालियों में लोग यहाँ कैसे ढल गए।

किससे करें शिकायत किससे गिला करें,
मौसम की तरह लोग भी अक्सर बदल गए।

जो पी के लड़खड़ाते हैं कमज़र्फ़[1] हैं वो लोग,
जब कि जनाब पीते ही हम तो सँभल गए।

ग़ैरों के घर जलाने चले थे 'अशोक' जो,
अपनी लगाई आग में वे ख़ुद ही जल गए।

---

1. नासमझ

ग़ैरों के फ़साने[1] से कुछ अपने फ़साने से,
सब लोग परेशाँ है इस दौरे-ज़माने से।

अनमोल ख़ज़ाना है तेरा दिल ये मोहब्बत का,
महफ़ूज़[2] रहेगा ये नफ़रत को मिटाने से।

तुम नज़्म हसीं कह दो मैं गीत सुनाऊँगा,
कम रंजो-अलम[3] होंगे कुछ सुनने-सुनाने से।

रूठे जो कोई अपना तो जाके मनाता हूँ,
मिलता है सुकूँ मुझको अपनों को मनाने से।

बहरे हैं यहाँ हाकिम कमज़र्फ़[4] मुलाज़िम हैं,
कुछ होगा नहीं हासिल तुम्हें शोर मचाने से।

---

1. क़िस्से-कहानी, 2. सुरक्षित, 3. गहरे दुःख, 4. नासमझ

अश्कों के समन्दर को हम दिल में छुपाए हैं,
ख़्वाबों के जनाज़े को पलकों पे उठाए हैं।

कुछ राज़ नुमायाँ[1] है गीतों में औ' ग़ज़लों में,
कुछ राज़-ए-सनम हमने सीने में दबाए हैं।

ग़ैरों की अदावत[2] की कुछ फ़िक्र नहीं हमको,
अपनों की ही फ़ितरत से कुछ हम घबराए हैं।

दे दो दाना पानी इन भूखे परिन्दों को,
ये कितनी आस लिये तेरी छत पर आए हैं।

हर बात अमीरों की सुलझी नज़र आती है।
मुफ़लिस के मसाइल[3] को यहाँ सब उलझाए हैं।

---

1. प्रकट, 2. शत्रुता, 3. समस्याएँ

चैन-ओ-सुकूं प्यार का पैग़ाम[1] हो गई,
वो शाम जो तुम्हारी मेरे नाम हो गई।

बंजारों जैसी हमने गुज़ारी है ज़िन्दगी,
सुबह कहीं हुई तो कहीं शाम हो गई।

मन है शिकस्ता जिस्म भी देने लगा जवाब,
लगता है ज़िन्दगी की यहीं शाम हो गई।

जिसने तमाम उम्र की ख़ारों[2] की पैरवी,
क्यूँ बज़्मे-सियासत[3] में वो गुलफ़ाम[4] हो गई।

बेटा किसी अमीर का बेदाग़ बच गया,
बेटी किसी ग़रीब की बदनाम हो गई।

---

1. सन्देश, 2. काँटों, 3. राजनीति का क्षेत्र, 4. फूलों जैसी कोमल

ऐसे भी कुछ काम निराले कर देना,
मुफ़लिस[1] के घर में भी उजाले कर देना।

तेरा पड़ोसी भूखा ना सो जाये कहीं,
उसके नाम भी चन्द निवाले कर देना।

वक़्त पड़े तो अपने ख़ून के छींटों से,
अहले-सितम के चेहरे काले कर देना।

जब भी किनारे नज़र बदलकर बात करें,
कश्ती को मौजों के हवाले कर देना,

दे के गवाही सच्ची हर इक आलम में,
क़ातिल को मुंसिफ़ के हवाले कर देना।

आज नहीं कल शायद दो इक फूल खिलें,
राख़ मेरी सहरा[2] के हवाले कर देना।

---

1. ग़रीब, 2. मरुस्थल

आँखों-आँखों में जाने वो क्या कह गया,
मैं मुसाफ़िर यहीं का यहीं रह गया।

यूँ तो इक दूसरे के लिए हम बने,
फिर भी थोड़ा कहीं फ़ासला रह गया।

एक दिन कोई बदलेगा अपना मिज़ाज,
इस भरम में कोई हर सितम सह गया।

बैठकर चन्द लम्हात जो रो लिया,
थोड़ा तो ग़म मेरा अश्कों में बह गया।

आँधी-तूफ़ां में क्या ये करिश्मा हुआ,
झोपड़ी बच गई और क़िला ढह गया।

वक़्त जब रुख़ बदल के चलता है,
कोई गिरता कोई सँभलता है।

कोई करवट नहीं बदल सकता,
वक़्त जब करवटें बदलता है।

शर्म आती है पत्थरों को यहाँ,
जब किसी का भी दिल पिघलता है।

जाने किसकी तलाश है उसको,
रात भर छत पे जो टहलता है।

कुछ ख़ताओं का होना लाज़िम है,
जब किसी का भी दिल मचलता है।

वो है बुज़दिल जो मौत के डर से,
घर के बाहर नहीं निकलता है।

खोये रहते हैं ख़्वाबों-ख़यालों में हम,
ज़िन्दग़ी के हसीं कुछ सवालों में हम।

सारे दिन बस पसीना बहाते हैं फिर,
हर ख़ुशी ढूँढ लेते निवालों[1] में हम।

जब से देखी है इन्साँ की शैतानियत,
अब सुकूं ढूँढते हैं रिसालों[2] में हम।

बनके नासूर बैठे सियासत में जो,
दोस्त शामिल नहीं उन दलालों में हम।

चलते-चलते निशां मंज़िलों के 'अशोक',
ढूँढ़ते रहते हैं पा[3] के छालों में हम।

---

1. रोटी का कौर, 2. पुस्तकों, 3. पाँव

ये लम्हा ज़ीस्त[1] में कैसा हुजूर आया है,
वो पी रहा है पर मुझको सुरूर आया है।

तुम्हारी बज़्म में आने से मुझको जीने का,
सलीक़ा आया है थोड़ा शऊर आया है।

वो सर झुकाएगा इक रोज़ वक़्त के आगे,
जिसे बुलन्दी पे अपनी ग़ुरूर आया है।

जो तुमको देखता बस देखता ही रहता है,
तुम्हारे चेहरे पे ये कैसा नूर आया है।

मैं तेरे शौक़े-जुनूं को सलाम करता हूँ,
तू चल के काँटों पे जो इतनी दूर आया है।

---

1. जीवन

जी रहा हूँ कहाँ किसी के लिए,
सिर्फ़ ज़िन्दा हूँ शायरी के लिए।

लोग उलझे हैं दुश्मनी में यहाँ,
वक़्त किस पे है दोस्ती के लिए।

वो मुसलसल[1] ग़मों के बोझ तले,
आके बैठा है मयकशी[2] के लिए।

मुझको कुर्बान होना आता है,
अपनी जानाँ[3] की हर ख़ुशी के लिए।

नफ़रतों को भुला के प्यार करो,
जो ज़रूरी है ज़िन्दगी के लिए।

जिसने दुनिया को रोशनी बख़्शी,
वो तरसता है रोशनी के लिए।

1. लगातार, 2. शराब पीना, 3. प्रेमिका

रुख़ से परदा हटा के देख ज़रा,
मुझसे नज़रें मिला के देख ज़रा।

तुझको शायद सकून मिल जाए,
मेरी बाँहों में आके देख ज़रा।

भूल जाऊँगा सारे रंजो-अलम,
इक लम्हा मुस्करा के देख ज़रा।

माना क़दमों में है ज़मीन तेरे,
आसमां को झुका के देख ज़रा।

आलमे-शामे-ग़म में दोस्त मेरे,
जाम लब से लगा के देख ज़रा।

वक़्त बदलेगा तो हालात बदल जाएँगे,
एक दिन ग़म से बहुत दूर निकल जाएँगे।

बात कुछ ख़ास मेरी जानाँ[1] तेरी क़ुरबत[2] में,
साथ चल दो तो क़दम मेरे सँभल जाएँगे।

इक नज़र हो कभी मुफ़लिस[3] के आशियानों पर,
मेरा दावा है कि पत्थर भी पिघल जाएँगे।

देखकर हुस्न का जलवा ये सरापा तेरा,
हम तो इन्साँ हैं फ़रिश्ते भी मचल जाएँगे।

मत हो मायूस मेरे दोस्त सियासत में यहाँ,
खोटे सिक्के भी बड़ी शान से चल जाएँगे।

---

1. प्रेमिका, 2. नज़दीकी, 3. ग़रीब

आप अहले-सितम[1] से जो डर जाएँगे,
ज़िन्दा रहके भी अन्दर से मर जाएँगे।

याद रक्खेगी दुनिया उन्हें दोस्तो,
आगे बढ़के जो कुछ कर गुज़र जाएँगे।

चलते-चलते सियासत की गलियों में हम,
थक गए हैं बहुत अपने घर जाएँगे।

सामने मैकदा भी है मन्दिर भी है,
ख़ुद नहीं जानते कि हम किधर जाएँगे।

हमको क़ुरबत[2] नहीं जो मिली आपकी,
टूटकर फिर सरापा बिखर जाएँगे।

---

1. जुल्म करने वाले, 2. नज़दीकी

रंग कहीं पे फीका है और गहरा है,
हर चेहरे पे यार, यहाँ इक चेहरा है।

जो इन्सां के भेस में गिरगिट है यारो,
उसकी फ़ितरत पर कब किसका पहरा है!

किसने वक़्त के पाँव में डाली ज़ंजीरें,
किसकी ख़ातिर वक़्त यहाँ पे ठहरा है!

मंज़िल उसका शायद यारो मिल जाए,
जिसकी आँखों में इक ख़्वाब सुनहरा है।

कौन सुनेगा किससे कहें हम ग़म अपना,
शहर का अब हर हाकिम गूँगा बहरा है।

काश, ऐसा भी कुछ हुआ होता,
मन को उसने मेरे छुआ होता!

लब पे ख़ामोशियाँ कहाँ होतीं,
कुछ भी उसने अगर कहा होता।

उसकी क़ुरबत[1] की छाँव मिल जाती,
फिर तो अन्दाज़ ही जुदा होता।

इश्क़ मेरे लिए इबादत है,
काश, उसका ये फ़लसफ़ा[2] होता!

तुम भी छू लेते मंज़िलों को 'अशोक',
जज़्बा होता गर हौसला होता।

---

1. नज़दीकी, 2. दर्शन

दिल में सोया हुआ अरमान जगा देती है,
अपने चेहरे से वो जब पर्दा हटा देती है।

प्यार को लाख छुपाओ तो कहाँ छुपता है,
ये नज़र दिल के समन्दर का पता देती है।

यूँ तो ख़ामोश रहा करती वो अक्सर लेकिन,
जब मचलती है तो तूफ़ान मचा देती है।

पास है फिर भी ज़रा सा वो फ़ासला रख के,
मुझको तनहाई में जीने की सज़ा देती है।

उसके आने से महक उठती है महफ़िल मेरी,
नज़्म कहता हूँ मैं वो गीत सुना देती है।

लोग जो ज़्यादा मुस्कुराते हैं,
अपने रंजो-अलम छुपाते हैं।

ख़ौफ़ रुसवाइयों[1] का होता है,
आह लब पे कहाँ वो लाते हैं।

उनकी जानिब[2] ज़रा नज़र कर लो,
ज़िन्दगी तुम पे जो लुटाते हैं।

हम सुख़नवर[3] हैं सबको जीने का,
इक नया रास्ता बताते हैं।

उनकी हिम्मत को, हौसले को सलाम,
सरहदों पर जो जां गँवाते हैं।

झूठ जिनको मिला विरासत में,
वो हक़ीक़त से मुँह चुराते हैं।

---

1. बदनामियों, 2. तरफ़ 3. लेखक

चलने लगा सँभल के वो उजड़े दयार[1] में,
जिसने फ़रेब खाये हैं फ़स्ले-बहार में।

जब बाग़बां की दोस्तो नीयत बदल गई,
छुपना पड़ा गुलों को भी दामाने-ख़ार[2] में।

ये बज़्मे-सियासत[3] की हक़ीक़त है दोस्तो,
फँस जाता है शिकारी यहाँ ख़ुद शिकार में।

देगा वो ही सिला मेरा किरदार-ओ-अमल[4] का,
इतना भरोसा रखता हूँ परवरदिगार में।

ये सोच के कि एक दिन आयेगा वो ज़रूर,
हमने गुज़ारी उम्र फ़क़त इन्तज़ार में।

---

1. उजड़ा हुआ, 2. काँटों की गोद में

कोई दरवाज़ा खटखटाने लगा,
वक़्ते-रुख़्सत[1] क़रीब आने लगा।

दफ़्न हो जाएँगे उजाले सभी,
इक अँधेरा दीया बुझाने लगा।

किससे उम्मीद साये की कीजे,
अपना साया भी दूर जाने लगा।

तेरी यादों को रख के सरहाने,
मैं तेरे और क़रीब आने लगा।

उसकी नज़रों से जब मिली नज़रें,
ज़ख़्म सीने का मुस्कुराने लगा।

---

1. जाने का समय

कमज़र्फ़ों[1] की महफ़िल है मैं क्या बोलूँ,
उस पर साक़ी संगदिल है मैं क्या बोलूँ।

जिस दिन से वो रूठे हैं ये आलम है,
आँख है नम दिल बेकल है मैं क्या बोलूँ।

गुलशन की ख़ुशबू को किसने लूट लिया,
गुंचा-गुंचा घायल है मैं क्या बोलूँ।

सरहद पे दुश्मन ने फिर ललकारा है,
मीरे-सियासत बुज़दिल है मैं क्या बोलूँ।

जब से रिश्तों के बन्धन कमज़ोर पड़े,
ज़ख़्मी बिंदिया पायल है मैं क्या बोलूँ।

मेरे बुज़ुर्गों के घर की नीलामी में,
मेरा भाई शामिल है मैं क्या बोलूँ।

1. नासमझ

दर पे आहट है कौन आया है,
किसने दरवाज़ा खटखटाया है।

तन्हा दिन थे औ' ग़मज़दा रातें,
मुद्दतों बाद कोई आया है।

जब अज़ीज़ों ने आना छोड़ दिया,
फिर रक़ीबों[1] को आज़माया है।

दौरे-ज़ुल्मत[2] में अपने होंठों पे,
मैंने ताला नहीं लगाया है।

जिसको सुन के सुकून मिलने लगा,
किसने ये गीत गुनगुनाया है।

---

1. दुश्मनों, 2. अँधेरे का समय

प्यार की तर्जुमानी[1] हो तुम,
मीरा सी इक दीवानी हो तुम।

जब से मैंने छुआ है तुम्हें,
शर्म से पानी पानी हो तुम।

जो ख़ुदा ने अता[2] की मुझे,
बस वो दिलकश कहानी हो तुम।

देखकर तुमको ऐसा लगा,
इक शराबे–पुरानी हो तुम।

ज़िन्दगी मेरी इक शे'र है,
मिसरा ऊला[3] मैं, सानी[4] हो तुम।

जिसके आने से गुम है ख़िज़ाँ,
ऐसी रुत इक सुहानी हो तुम।

1. अनुवाद, 2. प्रदान करना, 3. शे'र की ऊपर की पंक्ति, 4. शे'र की नीचे की पंक्ति

अपने अफ़साने[1] कम नहीं होंगे,
आज हैं कल को हम नहीं होंगे,

साफ़गोई से बात करते हैं,
मेरे पीछे भरम नहीं होंगे।

वक़्ते-रुख़्सत[2] में रूह भटकेगी,
पास में जो सनम नहीं होंगे।

बस सदाक़त[3] का फ़लसफ़ा[4] रखिए,
फिर कोई पेच-ओ-ख़म नहीं होंगे।

राह ज़ुल्म-ओ-सितम को जाती जो,
उसकी जानिब[6] क़दम नहीं होंगे।

---

1. क़िस्से-कहानी, 2. जाते वक़्त, 3. सच्चाई, 4. दर्शन, 5. जटिलता, 6. ओर

मेरे आक़ा मेरे हुज़ूर हो तुम,
ये भी सच है कि बेशऊर हो तुम।

हमने देखा है आप का दामन,
कौन कहता है बेक़सूर हो तुम।

रब ने इन्सां बनाया है तुमको,
फिर भी इनसानियत से दूर हो तुम।

सिर्फ़ चिनगारियाँ हैं लफ़्ज़ों में,
चलते फिरते हुए फ़ितूर हो तुम।

गुफ़्तगू[1] में मिठास फिर भी मुझे,
है यक़ीं संगदिल[2] ज़रूर हो तुम।

---

1. आपस की बातचीतं, 2. पत्थर दिल

रब ने प्यार का बख़्शा ऐसा नूर मुझे,
नफ़रत से रक्खा है उसने दूर मुझे।

मैं तो बस मिट्टी का एक खिलौना हूँ,
छू भी न पाएगा कभी ग़ुरूर मुझे।

मैं गुमनामी की चादर में लिपटा था,
शे'र-ओ-सुख़न ने कैसा किया मशहूर मुझे।

इश्क़ में अपनी कैसे मनमानी कर लूँ,
रखने है दुनिया के भी दस्तूर मुझे।

अपनी तरह से जीना क्या सिखलाओगे,
अपनी तरह से जीना है मंज़ूर मुझे।

---

1. कविता-लेखन

करके अदा जो लम्हे थे मुझपे उधार के,
मैं ख़ाली हाथ जा रहा जीवन गुज़ार के।

गुज़री ख़िज़ाँ[1] में उम्र ये मर्ज़ी ख़ुदा की थी,
वर्ना तो तलबगार थे हम भी बहार के।

सुबह से हुई शाम हुई रात से सहर[2],
आते हैं लम्हे याद ये ही इन्तज़ार के।

मेरा कलाम दोस्तो पढ़के तो देखिए,
क़िस्से तमाम पिन्हाँ[3] दिले बेक़रार के।

अपनी तबाहियों का मुझे कुछ भी ग़म नहीं,
मैं जा रहा हूँ ज़िन्दगी उनकी सँवार के।

1. पतझड़, 2. सुबह, 3. छुपे हुए

समझा था क्या वो और क्या निकला,
आस्तीं में कोई छुपा निकला।

तू न होता तो मर गया होता,
दोस्त! औरों से तू जुदा निकला।

सिर्फ़ शे'र-ओ-सुख़न की महफ़िल में,
मेरे जीने का रास्ता निकला।

फिर तो होनी ही थी शिकस्त मेरी,
दोस्त दुश्मन से जब मिला निकला।

महफ़िलों में जो मुस्कुराता है,
तन्हा देखा तो ग़मजदा निकला।

---

1. कविता-लेखन

ये हक़ीक़त है या भरम कोई,
साथ चलता है मेरे ग़म कोई।

देखना मुस्कुरा के ज़ख़्मे-दिल,
ये नमक है या है मरहम कोई।

ज़िन्दगी भर मैं राह देखूँगा,
दे गया है मुझे क़सम कोई।

हर क़दम पे थे इम्तिहां लेकिन,
लड़खड़ाया नहीं क़दम कोई।

मुझको मेरी वफ़ाओं के बदले,
दे गया गहरा इक अलम[1] कोई।

1. गहरा दुःख

जब मुख़ालिफ़[1] हवाएँ होती हैं,
हर क़दम पर बलाएँ होती हैं।

वो है महफ़ूज़[2] हर क़दम जिसके,
सर पे माँ की दुआएँ होती हैं।

चन्द लम्हात की ख़ताओं से,
उम्र भर की सज़ायें होती हैं।

जो मुनाफ़िक़[3] हैं हर क़दम उनकी,
कुछ मचलती निगाहें होती हैं।

महफ़िले-शामे-वस्ल[4] में यारो,
कुछ नशीली फ़िज़ाएँ होती हैं।

---

1. विरोधी, 2. सुरक्षित, 3. ज़ुबान का कच्चा, 4. संध्या-मिलन

यूँ लुटा घर कि अब बचा क्या है,
और तुम पूछते, लुटा क्या है।

रोज़ ज़ुल्मो-सितम का हर शै पे,
ये तबाही का, सिलसिला क्या है।

हम भी इन्सां हैं, आप भी इन्साँ,
ग़ौर से देखो कि जुदा क्या है।

तेरी आँखों में पढ़ लिया मैंने,
दिल की गहराई में, छुपा क्या है।

तफ़सरा[1] फिर ख़ुदा पे ख़ूब करो,
पहले ये जान लो, ख़ुदा क्या है।

दिल है सच्चाई का वो आईना,
जिसके आगे, ये आईना क्या है।

मुझसे मेरा ज़मीर[2] पूछता है,
राहे-हक़[3] में, तुझे मिला क्या है।

---

1. चर्चा, 2. आत्मा, 3. अधिकार की राह

पहली ही मुलाक़ात में इक अजनबी से हम,
करते रहे थे गुफ़्तगू[1] अपनी ख़ुशी से हम।

हम प्यार और ख़ुलूस[2] से जीतेंगे आसमां,
जीतेंगे एक शै भी नहीं दुश्मनी से हम।

हमने लबों की प्यास तबस्सुम[3] में ढाल दी,
शिकवा नहीं करेंगे कभी तिश्नगी[4] से हम।

रख़ते हैं हौसलों में उजालों के आफ़ताब[5],
डरते नहीं हैं दोस्त, कभी तीरगी से हम।

रिश्तों में सिर्फ़ प्यार की ख़ुशबू मिले 'अशोक',
इतना ही चाहते हैं फ़क़त ज़िन्दगी से हम।

---

1. बातचीत, 2. सच्चाई, 3. मुस्कुराहट, 4. प्यास, 5. सूरज

जब भी परखा है आज़माया है,
कोई अपना हुआ पराया है।

वो जो रहबर[1] था मेरा उसने भी,
कब मुझे रास्ता दिखाया है।

मरते दम तक न भूल पायेगा,
जिसको तुमने कभी सताया है।

जब भी पूछा है मैंने हाले-ग़म,
बस वो थोड़ा सा मुस्कुराया है।

उम्र भर उसकी आशिक़ी ने 'अशोक',
जाने कितना मुझे रुलाया है।

---

1. रास्ता दिखाने वाला

ज़ख़्मे-दिल से न दिल्लगी करना,
ग़मज़दा यूँ न ज़िन्दगी करना।

जिसका इन्सानियत ही मज़हब है,
ऐसे इन्सां से दोस्ती करना।

सारी बस्ती में जब अँधेरा हो,
घर में अपने न रोशनी करना।

भूख लाचारी और ग़रीबी में,
है बहुत आसां ख़ुदकुशी[1] करना।

क़र्ज़ देके किसी को देख ज़रा,
कितना आसां है दुश्मनी करना।

काम है ये तेरी जुदाई का,
आ गया मुझको शायरी करना।

---

1. आत्महत्या

इतना उरूज[1] न हो जो सँभाल न सकें,
इतनी ज़मीं न हो कि देखभाल न सकें।

यूँ तो तमाम ग़म हैं जो आएँगे जाएँगे,
वो ग़म न देना दिल से जो निकाल न सकें।

यारब हमें भी ऐसा शऊरो-मिज़ाज[2] दे,
इज़्ज़त किसी ग़रीब की उछाल न सकें।

क़ाबिज़ कभी न हों वो ख़िताबों पे दोस्तो,
इज़्ज़त वतन की अपनी जो सँभाल न सकें।

या रब न देना ऐसी तमन्ना औ' आरज़ू,
जो ज़िन्दगी के साये में ग़म ढाल न सकें।

---

1. उत्थान, 2. तौर-तरीक़ा व स्वभाव

मैकश[1] होकर संग किसी के लम्बी लम्बी रातों में,
वक़्त गुज़र जाता है मेरा यूँ ही बातों-बातों में।

जो दुश्मन है उसको भी तुम प्यार की भाषा सिखलाओ,
कुछ भी हासिल नहीं किसी को घातों और प्रतिघातों में।

इन पत्थर की दीवारों में पत्थर के हो जाओगे,
कभी झाँककर देखो तुम भी क़ुदरत की सौग़ातों में।

गर पाना है तुम्हें बुलन्दी तो फिर आगे निकल पड़ो,
किसे मिली है यहाँ बुलन्दी यूँ ही बस ख़ैरातों में!

तुम जो नहीं तो फ़िज़ा सुहानी मुझे ख़िज़ाँ सी लगती है,
तन-मन मेरा जलता है अब सावन की बरसातों में।

---

1. शराब पीना

है बुलन्दी अता दलालों को,
क्या मिला है नमक हलालों को।

अब तो दिन भी सियाह लगते हैं,
जाने क्या हो गया उजालों को।

जो बनाते महल औ' मीनारें,
क्यूँ तरसते हैं वो निवालों को।

जिनका कोई जवाब दे न सका,
दफ़्न कर भी दो उन सवालों को।

कैसे मंज़िल मिली है उसको 'अशोक',
देख लो उसके पा[1] के छालों को।

---

1. पाँव

वो कौन सा हुनर जो तेरे यार में नहीं,
करता मगर नुमायाँ[1] वो बाज़ार में नहीं।

ये सच भी आ गया है ज़माने के सामने,
जो बात तेरे लब पे है किरदार[2] में नहीं।

परदे के पीछे दोस्तो, क्या हो रहा यहाँ,
ये सच दबी ज़ुबां पे है अख़बार में नहीं।

हम अहले-बज़्मे-शे'र-ओ-सुख़न[3] को यक़ीन है,
जो बात है क़लम में वो तलवार में नहीं।

मैं हूँ फ़क़ीर अपनी ही दुनिया में मस्त हूँ,
मेरा क़याम[4] आपके दरबार में नहीं।

---

1. प्रकट, 2. चरित्र, 3. कविता की महफ़िल के लोग, 4. ठहराव

चैन–ओ–सुकूं से मेरी भी पहचान हो गई,
तुम जो मिले तो ज़िन्दगी आसान हो गई।

तुझको सरापा[1] देखकर अहसास हो गया,
क़ुदरत भी तुझपे ज़्यादा मेहरबान हो गई।

दामन तुम्हारा हाथ से छूटा तो यूँ लगा,
जैसे ये ज़िन्दगी मेरी वीरान हो गई।

जिसने दिया पयामे–मुहब्बत[2] जहान को,
हर शै जहां की उसपे ही क़ुर्बान हो गई।

बाज़ार में ये उर्यां[3] बदन देखकर 'अशोक',
पाकीज़ा[4] जो नज़र थी वो शैतान हो गई।

---

1. सर से पाँव तक, 2. प्रेम का सन्देश, 3. निर्वस्त्र, 4. पवित्र

उसने खाई थी क़सम वो इसलिए जलता रहा,
एक दीपक आँधियों से रात भर लड़ता रहा।

सोच के शायद वो छू ले आसमां को एक दिन,
एक पंछी अपनी धुन में उम्र भर उड़ता रहा।

कुछ नहीं माँगा किसी से न किसी ने कुछ दिया,
दूर तन्हा बैठकर वो हाथ बस मलता रहा।

बोझ नाकामी का सर पे पाँव में छाले मगर,
ख़्वाब आँखों में हमारे इक हसीं पलता रहा।

जिसका जज़्बा[1] और जिसका जोश फ़ौलादी 'अशोक',
जानिबे-मंज़िल[2] हमेशा शख़्स वो बढ़ता रहा।

---

1. भावना, 2. गन्तव्य की ओर

थोड़ा सा मुस्कराया और सलाम कर लिया,
यूँ हमने दोस्तों का एहतिराम[1] कर लिया।

आँधी से बचा लाया जो जलता हुआ दीया,
लोगों ने कहा उसने बड़ा काम कर लिया।

जब थक गई ये ज़िन्दगी पथरीली राह पर,
पहलू में उनके थोड़ा सा आराम कर लिया।

रुसवाइयाँ[2] मिलेंगी फ़क़त राहे-इश्क़ में,
तुमको बस इतना सोच के बेनाम कर लिया।

होंठों पे शे'र हैं मेरे हाथों में जाम है,
चैन-ओ-सुकूं का मैंने इन्तज़ाम कर लिया।

---

1. शिष्टाचार, 2. बदनामियाँ

मय्यत को देख आप न आँसू बहाइये,
रुख़सत का वक़्त है ज़रा काँधा लगाइए।

काँटे जो नफ़रतों के उगे उनको काटकर,
हर सिम्त[1] अब चिराग़े–मोहब्बत जलाइए।

कीजे न छुप के वार अँधेरों में बैठकर,
है दिल में हौसला तो उजाले में आइए।

इन रास्तों पे चलके बनेगी न कोई बात,
अब तोड़ के चट्टानों को रस्ता बनाइए,

होंठों पे हैं ख़ामोशी के ताले लगे तो क्या,
अश्कों से दास्ताने–मोहब्बत सुनाइए।

---

1. ओर

मुख़्तसर[1] सी है ज़िन्दगी यारो,
ढूँढ़ लो इसमें कुछ ख़ुशी यारो।

सामने लहरें हैं समन्दर की,
फिर भी लब पे है तिश्नगी[2] यारो।

रब ने सब कुछ दिया मुझे लेकिन,
एक उनकी है बस कमी यारो।

नाते रिश्तों की बस नुमाइश है,
अब कहाँ गहरी दोस्ती यारो।

गर सुकूं की तलाश है तो फिर,
अपनों से क्यूँ ये दुश्मनी यारो।

रंज-ओ-ग़म जब भी हद से बढ़ते हैं,
करनी पड़ती है ख़ुदकुशी[3] यारो।

---

1. छोटी, 2. प्यास, 3. आत्महत्या

देखते–देखते क्या से क्या हो गया,
इक सितमगर हमारा ख़ुदा हो गया।

कैसे महफ़ूज़[1] होंगी मेरी कश्तियाँ,
मेरा दुश्मन मेरा नाख़ुदा[2] हो गया।

देखकर हादसे बोले हौले से वो,
हम नहीं जानते हैं कि क्या हो गया।

तुम नहीं तो हमारी हक़ीक़त है ये,
ज़ीस्त[3] का हर मज़ा, बेमज़ा हो गया।

मुद्दतों जो रहा था मेरा हमसफ़र,
वक़्त आने पे वो भी जुदा हो गया।

---

1. सुरक्षित, 2. नाविक, 3. जीवन

अहले-सियासत[1] की कैसी लाचारी है,
कुछ कहने कुछ करने की बीमारी है।

सत्य अहिंसा के तो केवल नारे हैं।
वर्ना तो सत्ता की मारा-मारी है।

'कलयुग' के पैमाने पीछे छूट गए,
अब तो यारो, 'छलयुग' की तैयारी है।

देखके आईने को क्यूँ हैरान हो तुम,
सच कहना आईने की लाचारी है।

क़दम-क़दम पर अहले-सितम[2] की अब भी यहाँ
हरसू[3] लगती क्यूँ ये लम्बरदारी है।

---

1. राजनीतिक लोग, 2. ज़ुल्मी लोग, 3. चारों तरफ़

माना कि तुम हो आदमी बेहद कमाल के,
रखना सियासी खेल में ख़ुद को सँभाल के।

क़िस्मत का क्या भरोसा है किसपे हो मेहरबां,
इक बार तुम भी देख लो सिक्का उछाल के।

आहट तुम्हारे क़दमों की सुनके मुझे लगा,
अब दिन ग़ुज़रने वाले हैं मेरे मलाल के।

सोने के भाव में न बिकी है न बिकेगी,
पीतल को चाहे जितना भी रखिए उजाल के।

कहने को तो शराब है उसके गिलास में,
पर ज़हर पी रहा है वो पानी में डाल के।

दीवानगी का मेरी कोई ज़िक्र भी नहीं,
चरचे हैं हर तरफ़ तेरे हुस्नो-जमाल के।

फूलों की राह में कहीं काँटे छुपे ना हों,
रखना क़दम 'अशोक' यहाँ देखभाल के।

कोई दर पे हमारे आया है,
साथ ख़ुशियाँ तमाम लाया है।

ख़ुशबुएँ छा गईं फ़िज़ाओं में,
जब हँसा है वो मुस्कराया है।

मुद्दतों बाद मेरी महफ़िल में,
क्या शबाब-ओ-सुरूर छाया है।

तारे आकर ज़मीं पे सुनने लगे,
गीत जब उसने गुनगुनाया है।

भेज कर पहला ख़त मुहब्बत का,
अपनी क़िस्मत को आज़माया है।

अहले-वतन[1] निकल पड़े जब इम्तिहान को,
छू लेगा तिरंगा मेरा फिर आसमान को।

ग़ैरों की कहाँ दम है जो तिरछी नज़र करें,
ख़तरा है आज अपनों से हिन्दोस्तान को।

इंसानियत से बढ़के इबादत[2] नहीं कोई,
चाहो तो पढ़के देख लो गीता-कुरान को।

मेहनत के बदले भूख-ग़रीबी और ख़ुदकुशी,[3]
बख़्शी है हुक्मरां ने ये सूरत किसान को।

दुनिया की बद्दुआएँ लगेंगी तुम्हें 'अशोक',
इज़्ज़त जो बख़्शी तुमने किसी बेईमान को।

1. देश के लोग, 2. पूजा, 3. आत्महत्या

सर झुकाकर हम एहतिराम[1] करें,
नेक बन्दों को हम सलाम करें।

वो जो ख़ुशियाँ लुटाते फिरते हैं,
ज़ीस्त अपनी उन्हीं के नाम करें।

सबके होंठों पे मुस्कुराहट हो,
हुक्मरां ऐसा इन्तज़ाम करें।

सर झुकाना पड़े कभी हमको,
भूलकर हम न ऐसा काम करें।

महफ़िल-रिन्द[2] में बता वाइज[3],
नाम किसके तेरा पयाम[4] करें।

---

1. इज़्ज़त देना, 2. शराबियों की महफ़िल, 3. उपदेशक, 4. संदेश

कौन है अपना कौन पराया,
अब तक मैं ये जान न पाया।

ज़र औ' ज़मीं से प्यारा मुझको,
अपनी ग़ज़लों का सरमाया[1]।

उसको किनारा कैसे मिलेगा,
बीच भँवर में जो घबराया।

दर्द-मुहब्बत मोल न लेना,
कितना था दिल को समझाया।

जाति धरम हम लोग बनाते,
रब ने बस इनसान बनाया।

वो मसला जो सुलझ गया था,
अहले-सियासत[2] ने उलझाया।

---

1. ख़ज़ाना, 2. राजनीतिक लोग

वक़्त बदला तो फिर ख़ुशी आई,
मौत के बाद ज़िन्दगी आई।

हर तरफ़ तीरगी[1] के साये थे,
तेरे आने से रोशनी आई।

जो भी गुज़री थी तेरी फ़ुरक़त[2] में,
बन के लब पे वो शायरी आई।

जल उठे दिल में आरज़ू के चिराग़,
याद जिस वक़्त आपकी आई।

मेरा चैनो-सुकून खोने लगा,
जब से कमबख़्त आशिक़ी आई।

तेरी क़ुरबत[3] की ख़ुशबुओं से 'अशोक',
मेरे तन-मन में ताज़गी आई।

---

1. अँधेरा, 2. जुदाई, 3. नज़दीकी

रात का साया ढलने वाला है,
इक नया दिन निकलने वाला है।

जिसको चाहत मिली है अपनों की,
गिरते-गिरते सँभलने वाला है।

बन-सँवर के वो आज निकले हैं,
ज़र्रा-ज़र्रा मचलने वाला है।

दर पे आहट क्या गर्दिशों की हुई,
कोई अपना बदलने वाला है।

उनकी क़ुरबत[1] की गर्मियों से 'अशोक',
मोम सा फिर पिघलने वाला है।

1. नज़दीकी

लड़खड़ाने लगे हैं क़दम,
मैंने पी ली दी उसने क़सम।

मयकदे में है कितना सुकूं,
लोग जाते क्यूँ दैरो-हरम[1]।

रात ख़्वाबों में वो मिल गए,
हो गया रब का रहमो-करम।

तेरी कुरबत[2] ने जादू किया,
दूर होने लगे रंजो-ग़म।

मेरी ग़ज़लों में ग़म है मेरा,
हो रही क्यूँ तेरी आँख नम।

---

1. मन्दिर-मस्जिद, 2. नज़दीकी

बड़े मज़े में काली दौलत वाले हैं,
मेहनतकश इनसां के पाँव में छाले हैं।

कुछ कहने फिर कुछ करने की आदत है,
अहले-सियासत[1] के भी रंग निराले हैं।

जुल्मत[2] के साये में सब ख़ामोश मगर,
हम हैं सुख़नवर[3] हमने प्रश्न उछाले हैं।

दूर-दूर तक बस्ती में अँधियारा है,
एक मकां है जिसमें बहुत उजाले हैं।

आँधी आए या फिर तूफ़ां आ जाए,
हम तो हर हालात में ख़ुद को ढाले हैं।

1. राजनीतिक लोग, 2. अँधेरा, 3. कवि-लेखक

क्या करिश्मे औ' क्या कमाल मिले,
हैं सितमगर वो मालामाल मिले।

हुक्मरानों की सरपरस्ती[1] में,
पल रहे मौत के दलाल मिले।

बात जब आबरू-ए-मुल्क की थी,
मुख़्तलिफ़[2] से मुझे ख़याल मिले।

मैंने जब-जब सुकून ढूँढा है,
ग़म मिले और कुछ मलाल मिले।

आज के नौजवां के होंठों पे,
कुछ सुलगते हुए सवाल मिले।

---

1. संरक्षण में, 2. भिन्न-भिन्न

है सियासत की ताज़ा ख़बर,
हो गया वो इधर से उधर।

अपनी आदत से मजबूर है,
बिन हुकूमत के था बेअसर।

गर नहीं तू गुनहगार है,
झुक गई फिर तेरी क्यूँ नज़र?

क्या पढ़े कोई अख़बार को,
ख़ूं में डूबी है हर इक ख़बर।

रहगुज़र[1] मुस्कुराने लगी,
आप जब से हुए हमसफ़र।

मयकदा[2] भी है मंदिर भी है,
सोचता हूँ मैं जाऊँ किधर।

---

1. रस्ता, 2. शराबख़ाना

कभी तन्हा कभी मुझको बड़ा मजबूर लगता है,
वो मेरे साथ चलता है मगर कुछ दूर लगता है।

सहर[1] से शाम तक दौलत कमाना काम है उसका,
वो बस कहने को मालिक है मगर मज़दूर लगता है।

अमल जिसका मोहब्बत है शराफ़त जिसका मज़हब है,
उसी के चेहरे पे यारो, ख़ुदा का नूर लगता है।

कभी शामे-अलम में आके देखो उसकी गुमनामी,
जो तुमको आजकल ज़्यादा ही कुछ मशहूर लगता है।

वो जिसकी अपने घर में कोई भी इज़्ज़त नहीं करता,
वो घर से जब निकलता है बड़ा मग़रूर लगता है।

---

1. सुबह

दिलनशीं शाम है शराब भी है,
महफ़िले-हुस्न पे शबाब भी है।

चन्द लम्हात में ही पढ़ लोगे,
ज़ीस्त मेरी खुली किताब भी है।

वक़्त भी अपना रंग बदलता है,
कभी ख़ुशियाँ कभी अज़ाब भी है।

दोस्त तेरे हसीं सवालों का,
पास मेरे हसीं जवाब भी है।

दिल पे नाकामियों का बोझ मगर,
मेरी आँखों में एक ख़्वाब भी है।

क्या लिखें दिल की दास्तान यहाँ,
अहले-फ़न जब हैं बेजुबान यहाँ।

आके हम किस मक़ाम पे ठहरे,
न ज़मीं है न आसमान यहाँ।

ज़ीस्त[1] की राह पे सँभल के चलो,
हर क़दम पर हैं इम्तिहान यहाँ।

तीरसाज़ी से जो नहीं वाक़िफ़,
उसके हाथों में है कमान यहाँ।

कल मोहब्बत के गुल महकते थे,
आज नफ़रत के हैं निशान यहाँ।

1. जीवन

छोड़ जाएँगे ऐसे निशां,
जिसपे चलता रहेगा जहां।

प्यार की लिख कहानी कोई,
ख़त्म नफ़रत की हो दास्तां।

क़ैद में क्यूँ परिन्दे रहें,
दो उन्हें भी खुला आसमां।

अमन के हम हैं पैगाम्बर[1],
हमसे आबाद है ये जहां।

सिर्फ़ इनसानियत की 'अशोक',
ख़ुशबू फैले यहाँ से वहाँ।

---

1. संदेशवाहक

होके वो मालामाल बैठा है,
करके ऊँचा कमाल बैठा है।

जिसने देखा नहीं मदरसे को,
करके हल हर सवाल बैठा है।

जिसका दामन था कल तलक ख़ाली,
वो सरापा[1] निहाल बैठा है।

वो जो करता नमकहलाली यहाँ,
होके कितना बेहाल बैठा है।

अब सियासत के आशियाने में,
हर क़दम इक दलाल बैठा है।

1. सर से पाँव तक

लोग यूँ भी तो प्यार करते हैं,
मिलना-जुलना उधार करते हैं।

जब भी मौसम नशीला होता है,
वो ख़ता बेशुमार करते हैं।

लोग दो लम्हे कुछ मज़े के लिए,
ख़ुद को ही दाग़दार करते हैं।

ग़ैर की छोड़ो लोग अपनों पे,
अब कहाँ एतवार करते हैं।

ज़िन्दगी के सफ़र में लोग यहाँ,
किसका कब इन्तज़ार करते हैं।

मेरी नज़रों से कुछ छुपा क्या है,
जानता हूँ भला-बुरा क्या है।

सबने दौलत को ही ख़ुदा समझा,
कौन जाने ये फ़लसफ़ा[1] क्या है।

प्यार करना अगर ख़ता है तो,
और जीने का रास्ता क्या है।

दोस्त तुम खो गए गुनाहों में,
अब तेरा मुझसे वास्ता क्या है।

इक सियासत की बात छोड़ भी दें,
खोटा सिक्का कहीं चला क्या है।

करके छल पा लिया बहुत तुमने,
जान भी लो कि अब सज़ा क्या है।

---

1. दर्शन

देखकर हम जो हसीं ख़्वाब मचल जाते हैं,
आँख खुलती है तो सब धूप में जल जाते हैं।

हैं यहाँ कितने जो क़ायम हैं जुबां पे वर्ना,
वक़्त के साथ यहाँ लोग बदल जाते हैं।

ग़मजदा करते हैं दुनिया के मसाहिल[1] हमको,
जब ग़ज़ल सुनते तुम्हारी तो बहल जाते हैं।

इसको मजबूरी कहें या कि मुक़द्दर अपना,
ठोकरें खाके भी हालात में ढल जाते हैं।

ये करिश्मा भी अजब सा है मुहब्बत में 'अशोक',
गिरते-गिरते भी यहाँ लोग सँभल जाते हैं।

❂❂❂

1. समस्याएँ